企业履行社会责任中非政府组织参与的经济效应研究

冉 戎 著

本书受教育部青年基金（19YJC1551）"社会责任表现影响企业技术创新决策及经济后果的理论与实证研究"、中国博士后科学基金（2016M602659）"社会责任在产业转型升级中的作用研究"、2019 年度重庆大学公共管理学院科学研究基金项目（2019GGXY02）"政府推进企业社会责任的公共政策供给模式与机制研究"资助

科学出版社

北 京

内 容 简 介

本书将非政府组织引入企业社会责任影响企业的作用机理中，基于融资、风险、人力和价值四个角度，分别从理论和实证两个方面研究非政府组织参与企业社会责任时所产生的经济效用，并采用我国上市公司的样本进行检验，证明非政府组织是推进社会责任建设的重要力量；本书是国内较早将非政府组织纳入社会责任研究框架的著作之一。

本书可作为研究同行、大学教学和政府部门的参考书籍。

图书在版编目（CIP）数据

企业履行社会责任中非政府组织参与的经济效应研究 / 冉戎著. —北京：科学出版社，2019.6
　ISBN 978-7-03-054513-8

　Ⅰ. ①企… Ⅱ. ①冉… Ⅲ. ①非政府组织–作用–企业责任–社会责任–研究–中国 Ⅳ. ①F279.2

中国版本图书馆 CIP 数据核字（2017）第 227189 号

责任编辑：马　跃　李　嘉 / 责任校对：王丹妮
责任印制：张　伟 / 封面设计：无极书装

科学出版社出版
北京东黄城根北街 16 号
邮政编码：100717
http://www.sciencep.com

北京盛通商印快线网络科技有限公司 印刷
科学出版社发行　各地新华书店经销

*

2019 年 6 月第 一 版　开本：720×1000　1/16
2019 年 6 月第一次印刷　印张：9
字数：180 000
定价：76.00 元
（如有印装质量问题，我社负责调换）

前　言

　　随着国民经济的发展与人们物质生活水平的提高，企业作为社会系统的一员，不应仅是以营利为目的的经济组织，更应是需要承担社会责任的行为主体。越来越多的企业开始意识到，主动承担社会责任是塑造和提升企业形象、获取资本、增强企业竞争力的有效途径。但仍有不少企业认为，承担企业社会责任（corporate social responsibility，CSR）会增加企业成本、加重企业负担，造成责任感缺失，产生的各类问题层出不穷，危害触目惊心。

　　造成 CSR 缺失的诸多原因中，既有客观原因，也有主观原因。在客观上，中国现阶段的经济发展水平还不够高，外部的机制体制还需要健全，并且 CSR 的内容中，更多的是属于非强制性的设计，很难通过强制性手段来促使企业履行 CSR；在主观上，企业自身的社会责任理念还需要继续塑造。要扭转和提升企业对 CSR 的认知，就需要相应的理论研究进行支撑，以帮助企业更新观念，树立正确的 CSR 观。

　　在推动我国 CSR 建设的众多主体中，非政府组织是一支不可忽视的力量。但对于非政府组织参与 CSR 建设的作用机理，特别是非政府组织能够产生的市场化的效应方面，针对性的研究成果并不多见。这直接导致理论界和实务界对非政府组织与社会责任的作用理解不清，既对非政府组织是否真正能产生市场化的作用怀有疑问，也间接影响了我国非政府组织的发展。

　　为理清相关问题，回答非政府组织是否能在参与 CSR 建设中产生经济效应及产生什么经济效应的问题，能够较好地启示非政府组织参与 CSR 建设的路径设计。本书主要目的是揭示非政府组织参与企业履行 CSR 活动后所起到的效果，主要体现在市场化效应方面，包括影响企业融资的经济效应、影响企业人力资源的经济效应、影响企业系统性风险的经济效应、影响企业市场反应的经济效应等四个方面。研究发现，非政府组织参与 CSR 行为后，确实产生了相应的市场化效应，主要表现在对企业融资约束的"松绑效应"、对企业人力资源的"集聚效应"、对企业系统性风险敏感度的"脱敏效应"、对企业市场反应的"异化效应"。本书对以上市场化效应的机理进行阐释，并采用模型与实证相结合的方法进行验证。最终基于这些研究结论，提出促进非政府组织参与 CSR 建设的政策建议，希望对有效提升我国的 CSR 水平起理论支撑的作用。

　　本书的主要创新和特色体现在两点。一是研究视角的创新。从非政府组织参与 CSR 所产生的市场化效应视角入手，深入研究非政府组织（non-governmental organizations，NGO）在 CSR 建设中发挥作用的机理，充实我国 CSR 理论。二是研究内容的创新。本书充分结合理论模型与计量分析，不仅构建非政府组织发挥作用的数理模型，还提供我国市场中非政府组织发挥作用的实证证据，进一步丰富 CSR 的研究内容。本书从我国经济和体制的现实情况出发，揭示和探寻非政府组织促进我国 CSR 建设的内在规律，为实施 CSR 战略及实现社会可持续发展进行了有益探索。

目　　录

第一篇　理论基础篇

第二篇　作用机理篇

第三篇　结论建议篇

第一篇　理论基础篇

　　本篇主要围绕研究的理论与现实意义，以及概念界定、研究思路、文献评述等方面展开，主要为后续章节的研究奠定理论基础。

第一章 绪 论

第一节 问题提出与研究意义

加快转变经济模式以实现可持续发展，不仅是我国未来经济和社会发展的主旋律，也成为人类选择发展模式的共识（Lowe and Goyder，1983）。现阶段我国企业普遍存在过于重视盈利目标、漠视社会责任的现象和问题，这成为经济可持续发展的重大障碍（吕玉芹，2008），亟须研究扭转企业发展方式的途径和措施。除了正式的制度安排，非正式的制度安排同样重要。促进企业履行 CSR，正是实现社会协调和经济可持续发展的重要途径之一（李建伟等，2010）。

随着改革开放的不断深化，社会大众的社会责任意识普遍提高，对 CSR重要性的认识逐渐深入人心（施星辉，2003）。但我国的 CSR 实践情况并不乐观，我国 CSR 建设目前整体处于"起步"阶段，责任管理和责任实践都亟待提高。在市场经济条件下，企业从单纯追求盈利的主体，如何转向富有社会责任感的经济主体，并且在运营中履行社会责任，是当前我国在市场经济体制发展进程中必然要面临的一个重要课题，亟须结合我国国情对CSR 实施的战略和路径进行理论研究，为 CSR 实践提供理论指导。

在企业发展过程中，社会和政治的复杂性，市场和非市场利益将不可避免地混合在一起，如何将非市场利益转化为企业偏好的特定活动，是社会经济发展中的一个重要问题。推进 CSR 建设就是达到以上目的的一个重要手段。由于政府在推进 CSR 建设中存在"政府失灵"，企业在推进社会责任时存在"市场失灵"，非政府组织是 CSR 建设中一支无法忽视的重要力量，作为企业和政府、企业和利益相关者之间的杠杆与平衡器，其对 CSR 标准的建议发挥了特殊的重要作用。因此，引入第三方力量参与 CSR 建设的体系中，弥补政府和企业在推进与履行社会责任中的缺憾就显得尤为重要。

综上，本书在我国推进 CSR 建设的背景下，研究企业与非政府组织的合作如何影响企业市场绩效，拓展研究 CSR 的思路。通过研究非政府组织如何通过市场效应影响 CSR 履行的内在规律，更好地从战略和制度层面，对企业更新社会责任理念、改善 CSR 行为提供激励，既可以对现有成果形成补充，又可以为社会责任实践提供指导，相关研究具有理论价值和现实意义。

第二节　　相关概念界定

一、企业社会责任

CSR 是指企业在创造利润、对股东承担法律责任的同时，还要承担对员工、消费者、社区和环境的责任，企业的社会责任要求企业必须超越把利润作为唯一目标的传统理念，强调要在生产过程中对人的价值的关注，强调对环境、消费者和社会的贡献。

二、非政府组织

非政府组织，是独立于政府体系之外的具有一定程度公共性质并承担一定公共职能的社会组织，具有非政府性、非营利性、公益性和志愿性等基本属性（常征，2008）。

具体来说，非政府性指的是这些社会组织独立于政府机关及其附属机构之外，不是由政府出资成立的；非营利性强调这些社会组织不是营利性的企业，它们不以营利为目的，不具有利润分红等营利机制，组织资产不得以任何形式为私人所占有；公益性强调这些社会组织在投入产出上更多地依赖社会和服务社会，它们往往以各种形式吸纳社会公益或共益资源，对公信力等社会资本有更强的依赖性，提供的是社会所需要的各种形式的公共产品或服务，并形成一定的公共空间；志愿性强调这些组织的参与者和支持者通常不存在外在的强制关系，而更多基于自愿、自主的奉献精神和不求回报的博爱精神，各种形式的志愿者成为其重要的人力资源（常征，2008）。

非政府组织的活动能有效地促进政府权威，是弥补市场失灵和政府失灵的第三部门。随着我国社会主义市场经济体制的完善，社会非政府组织不断兴起。非政府组织在克服市场和政府"双重"失效中发挥何种作用，特别是在社会责任建设中的作用，值得进一步研究和探讨。

第三节 研究内容与分析框架

一、研究内容

本书包括理论研究、实证检验和对策建议三个部分，具体内容如下：一是 CSR 建设的理论基础及国内外发展现状研究，主要对国内外研究成果和进展进行系统梳理，夯实本书研究的理论基础。同时回顾和梳理国内外社会责任兴起的背景、发展条件及其对经济、社会和环境的影响、国内外社会责任的理论研究与评述、国内外非政府组织影响 CSR 建设的研究与评述等内容。二是非政府组织参与 CSR 建设的角色和作用机理研究，采用理论与实证相结合的方法，对非政府组织参与 CSR 建设的市场效用和经济后果进行研究，主要从融资约束、劳动力市场、系统性风险敏感度和证券市场反应等四个市场作用的角度进行研究与论证。以上研究可以使我们明晰非政府组织参与 CSR 建设的市场作用和传导机理，为提出如何发挥非政府组织作用的对策建议提供支撑，通过市场作用共同促进我国 CSR 建设迈上新台阶。三是对如何促进有非政府组织参与的中国化的 CSR 建设的相关对策建议。非政府组织参与我国 CSR 的推动与实施，以及促进我国 CSR 建设，还需要有政府政策制度作为良好保障，对中国非政府组织参与 CSR 建设提出对策建议。

本书分为三篇，共七章，相关研究内容安排如下。

第一篇为理论基础篇。

第一章：绪论。该章主要介绍本书的研究背景和意义，界定研究中涉及的主要相关概念，阐述主要研究内容、结构安排及创新之处。

第二章：理论基础与文献综述。该章主要从 CSR 影响企业利益及企业与非政府组织合作的相关研究两个方面展开。

第二篇为作用机理篇。

第三章：非政府组织参与 CSR 建设对企业金融资源的影响研究。

第四章：非政府组织参与 CSR 建设对企业系统性风险敏感度的影响研究。

第五章：非政府组织参与 CSR 建设对企业人力资源的影响研究。

第六章：非政府组织参与 CSR 建设对企业市场价值的影响研究。

第三篇为结论建议篇。

第七章：研究不足、对策建议和未来展望。

二、研究框架

本书的整体研究框架如图 1.1 所示。

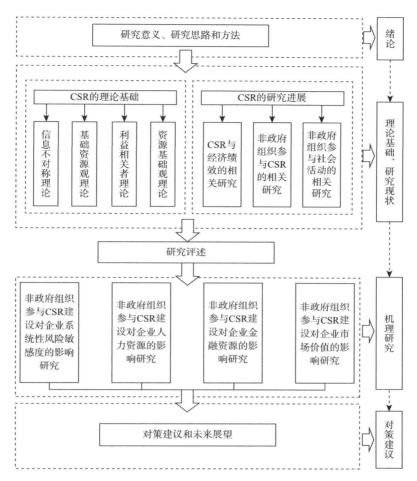

图 1.1 整体研究框架

第四节 研究思路与研究方法

一、研究思路

本书主要从非政府组织参与 CSR 建设，进而对 CSR 的市场效应产生影响的角度切入，以国内外已有研究成果和我国现实背景为基础与依据，贯彻可持续发展原则，将非政府组织参与 CSR 建设置于整个社会责任体系建设的框架之中，从非政府组织参与 CSR 建设的四种市场效应出发，明确非政府组织在参与 CSR 建设中的市场角色和作用，揭示非政府组织参与和促进 CSR 建设的内在机理，系统构造非政府组织促进 CSR 建设的理论框架。最终以这些理论为基础就非政府组织推进中国 CSR 建设及实现可持续发展，从非政府组织、企业和政府角度分别提出对策建议。

二、研究方法

（一）规范研究与实证研究相结合

本书广泛应用了规范研究和实证研究的方法。规范研究通过理论来分析非政府组织参与 CSR 建设的相关问题。在既定假设条件下，经过严密的逻辑推理，得到的结果是既定且符合预期的，在对人力资源影响的研究中采用了该方法。由于规范研究强调既定条件下的因果关系，并且对特定的假设特别依赖，所以，规范研究结论可能会与现实现象有一定的出入。实证研究则可以作为规范分析的有效补充，它所使用的分析数据来源于现实，其结果也必然反映现实，在对金融资源、市场反应等部分的研究中采用了该方法。本书综合运用这两种方法，力图更加深入地研究非政府组织参与 CSR 建设的机理。

（二）定性研究与定量研究相结合

对问题的探讨，既有对其特征的定性分析，也有对其规模和水平的定量研究。前者主要是从理论、概念和逻辑方面对非政府组织参与 CSR 建设的内涵与外延进行系统梳理，后者主要是结合上市公司的实际情况进行统计计量和经验检验。因此，本书研究我国上市公司的非政府组织参与 CSR 建设，将定性分析与定量分析相结合，以期更加全面和深入地分析非政府组织参与 CSR 建设的各类市场效应，如融资约束的"松绑效应"、人力资源的"集聚效应"、市场风险的"脱敏效应"和市场反应中的"异化效应"等。

第五节　研究特色与贡献

本书的研究特色与贡献主要体现在以下两个方面。

一是研究内容的特色。本书是国内较早系统地研究非政府组织参与我国 CSR 建设的市场效应的阶段性理论成果之一，既符合当前经济社会发展的需求，又对当前研究进行了深化。

二是研究视角的特色。本书从非政府组织参与我国 CSR 建设市场效用的角度切入，主要研究非政府组织通过与企业的合作参与 CSR 建设，进而对企业的金融资源、人力资源、系统性风险和市场反应等的影响及机理，分别进行理论和实证研究，从合作的视角揭示了非政府组织参与 CSR 建设的市场规律。相关研究能为推动非政府组织参与我国 CSR 建设提供较好的理论支撑。

第二章 理论基础与文献评述

本书涉及的已有研究大致可划分为三个领域：一是非政府组织的相关研究；二是 CSR 的相关研究；三是非政府组织与 CSR 的交互相关研究。其中，后两点与本书直接相关。从研究内容来看，针对非政府组织促进 CSR 的影响机理的理论研究还比较少，具有深入研究的空间。

第一节 企业履行 CSR 影响企业利益的相关研究

从国内外 CSR 研究发展脉络来看，对 CSR 的研究主要涉及企业的 CSR 行为评价、CSR 行为对公司价值与财务绩效的影响、CSR 行为与消费者选择及 CSR 行为与投资的联系等方面，所得结论也呈现百家争鸣的态势。对 CSR 问题的研究与争议主要集中在其与企业竞争力或企业绩效的关系上，按研究观点可划分为"无益"论和"有利"论两个阶段。不同学者得出的结论也颇有不同。其中，部分学者认为企业履行 CSR 与企业绩效无关，他们主要支持"无益"论，认为 CSR 无法为企业贡献价值，甚至还会成为额外负担（Freeman and Liedtka，1991）。也有很多学者认为企业履行 CSR 行为与企业的财务绩效是呈正相关关系的，这些学者对"无益"论持相反观点。Porter 和 Kramer（2006）认为企业热衷于实施 CSR 行为是为了使利益最大化。从利益最大化这个角度看，企业履行 CSR 行为是因为企业想从中获得净利益。国内学者王建琼和何静谊（2009）通过研究制造业行业的企业，发现 CSR 表现与企业财务绩效的相关性较弱。万寿义和刘正阳（2013）根据利益相关者理论与产权理论更加全面地构建了 CSR 成本评价体系，并以 382 家沪深 300 指数上市公司的数据为样本进行了实证研究，再次证实了企业的 CSR 行为与公司价值的正相关关系。尽管结果存在争议，但大量研究都反映了企业的 CSR 行为与企业的财务绩效是存在显著作用的。

另外，从消费者角度的大量实验性证据可以证实 CSR 战略影响消费者行为。Rabasa 等（2016）提出购买行为意向包含忠诚度、支付溢价、转换、内部反应和外部反应等五个维度。Creyer（1997）认为企业道德行为对消费者购买意向有积极影响。Mohr 等（2001）基于前人对 CSR 理论的研究提出了社会责任消费者行为（socially responsible consumer behavior，SRCB）的概念，并认为消费者因人口统计特征的差异而具有不同的 CSR 感知水平。Sen 和 Bhattacharya（2001）发现企业 CSR 行为水平的高低对消费者的产品评估有显著影响。Auger 等（2003）、Pelsmacker 等（2005）也通过实证研究证实消费者愿意为道德产品付款。Marin 和 Rubio 的研究发现从事 CSR 活动可以增强企业顾客的忠诚度（Marin et al.，2009）。Ailawadi 等（2013）更进一步证明，在零售情况下，消费者愿意购买与内在 CSR 活动相关的产品，而非诸如与环保、社会事业等外在 CSR 活动相关的产品。在国内，学界长期以来也都一致肯定消费者忠诚度对企业绩效的积极影响，而基于消费者视角研究 CSR 问题的相关文献也逐渐涌现。魏农建和唐久益（2009）对上海牛乳行业进行实证研究发现，企业的社区、环境和顾客责任均会影响消费者对企业 CSR 水平的总体评价。其中，企业的 CSR 行为对顾客满意度及顾客忠诚度并没有直接影响，但有显著的间接影响；张广玲等（2010）发现，消费者感知到的企业 CSR 行为会最终促进其对该企业产品的购买意愿，而感知质量和感知风险在企业 CSR 行为与消费者购买意愿的作用路径中起中介作用。刘凤军等（2012）对 CSR 与品牌影响力的关系进行了实证研究，结果发现企业承诺 CSR 水平、CSR 时间选择可以显著地提高品牌影响力，CSR 关联度对品牌影响力的作用却相反。上述研究直接或间接地支持了企业 CSR 行为与消费者忠诚度之间存在的显著联系。

经过大量研究，学者普遍认为任何一个企业在生存和发展过程中，都依赖社会这个背景平台获取了一定的企业利益，因此理应对社会发展做出应有的回报。因此，以利益相关者为代表的社会各群体从持续发展角度对企业在经济、文化、教育和环境等方面提出了一系列要求（郭友群和唐志芳，2006），而 CSR 就是企业为了应对社会要求、公众期待而做出的对社会履责的行为（O'Connor and Spangenberg，2008），我们将社会公众的这种要求和期待称为社会责任期望。显然，社会责任期望来源于社会公众，由社会公众决定，不随企业意志而转移，任何无视其客观存在的企业必将受到惩罚。White 和 Steinburg（1991）曾将 CSR 比喻为企业经营运作的社会许可证，一语中的地点明了社会责任期望存在的客观合理性，强调了企业要想获得长期的生存和发展，就必须承担相应的社会责任。

第二节　企业与非政府组织合作的相关研究

企业与非政府组织的相互合作在商业伦理和商业社会领域已经引起广泛关注（Arya and Salk，2006；Doh and Guay，2006；Jamali et al.，2009）。企业可以利用与非政府组织的关系应对竞争环境中的社会压力，支持合法性和声誉，并预测和防止利益相关者的负面行动。二者之间的相互合作是企业管理复杂和相互关联的社会期望、应对社会活动压力和政府监管、影响营利能力的条件和性能作用的一个重要的手段（Burchell and Cook，2006）。

　　国外学者对该领域的研究最初始于从营销角度对企业与非政府组织的合作方式和作用的研究，研究表明非政府组织可以通过多种合作方式帮助企业获得公众认同（Andreasen，1996；Wymer and Samu，2003），但在中国非政府组织与企业的合作更易于破裂（Turner，2003）。国外非政府组织参与 CSR 的研究主要集中在三个方面：一是非政府组织推动制定社会责任规范（Teegen et al.，2004）；二是非政府组织对跨国公司社会责任战略的影响研究（Arya and Salk，2006；Doh and Guay，2006；Jamali et al.，2009）；三是非政府组织推动社会责任的策略研究（Winston，2002）。Guay 和 Sinclair（2004）从社会责任投资角度研究了非政府组织对 CSR 的推动作用，指出在社会责任投资中非政府组织通过直接、间接和相互作用三种方式影响 CSR 履行，并对非政府组织影响公司战略、管理和社会表现进行了展望。Doh 和 Guay（2006）认为欧洲和美国的非政府组织在 CSR 政策的制定与实施方面扮演重要角色，但是制度环境使这两个地区在政府政策制定、企业战略实施和非政府组织行动上存在较大差异，从而指出制度性差异因素在社会责任研究中的重要性。Burchell 和 Cook（2006）评估了利益相关者对话对改变非政府组织与企业关系的冲击。Egels-Zandén 和 Hyllman（2006）基于跨国公司工人权利的定义，提出六种主要的非政府组织联盟形式，并通过案例研究指出行业协会和非政府组织的合作关系优于冲突关系的观点。从国外研究回顾来看，国外对非政府组织参与 CSR 的研究成果比较丰富，且大都支持非政府组织可以促进企业履行 CSR 的观点。

　　研究表明，企业与非政府组织的合作关系是战略性的，形式上包含协作和冲突（Den Hond et al.，2007）。当企业与非政府组织有共同目标时，它们可能采用合作的方式，反之，非政府组织对企业采用各种形式的对抗行动，包括抗议、抵制和代理斗争（Yaziji and Doh，2009）。因此，非政府组织是具有影响的公司利益相关者之一。

　　企业与非政府组织合作的原因显而易见，包括政府职能退化、对自律的关注增加和国家强制力无法保证"软法"实施（Vogel，2008，2010）、对 CSR 支持的增长（Den Hond et al.，2007；Lambell et al.，2008）、企业和非政府组织合作的战略影响，以及非政府组织对日益增长的国际性社会和环境问题的诉求（Snow and Soule，2009）。这些因素都引致企业和非政府组织之间依赖关系的加强（Pfeffer and Salancik，2003），并进一步"模糊"政府、私人和民间社会部门之间的传统界限（Teegen et al.，2004）。

已有研究中，学者分别关注了不同类型的企业与非政府组织合作的动态演进。Lucea（2010）研究了跨部门的互动参与者之间的认知心理地图；Shumate 和 O'Connor（2001）研究了通信公司与非政府组织的合作，并且重点分析了它们的表述方式如何来强调和陈述其鲜明的特点，以及潜在的贡献。O'Connor 和 Shumate（2010）、Shumate（2014）还关注了非政府组织与多个企业合作伙伴，以及与单一的企业合作伙伴的差异，发现联合非政府组织更有可能在商业-非政府组织合作网络中占据核心地位，相对于其他类型的企业而言，基金会更可能与多个公司建立关系。

国内学者在社会责任背景下研究非政府组织与企业合作的成果主要集中在三个方面：一是非政府组织推动 CSR 建设的作用（甘文传，2006；朱锦程，2007）；二是非政府组织推动 CSR 履行的策略（杨家宁，2007；崔秀梅，2010）；三是非政府组织自身的社会现状研究（李清伟，2009）。朱锦程（2007）对政府、企业与社会三者关系中的中国 CSR 监管机制进行了探讨。杨大梅和肖玉超（2008）介绍了国外非政府组织的社会责任投资战略及对我国的启示。

第三节　文献研究评述

综上所述，已有相关研究成果比较丰富，但依然具有可深入的空间。首先，在 CSR 与公司绩效的相关研究中，较少有研究将非政府组织的影响纳入框架之中，对其作用机理的讨论也较为少见，尤其对市场化的作用机理探讨非常少。其次，在企业与非政府组织合作的相关研究中，多数成果都没有对社会责任背景下非政府组织与企业合作的市场效用和作用机理进行深入研究，已有成果大都是基于以企业的商业利益为目标而展开的，较少在 CSR 背景下来讨论这个主题。虽然存在少量关于非营利组织与 CSR 机理的研究成果（黄光等，2008；程红丹和郑永松，2011），但非营利组织和非政府组织并非同一概念（孟戈弋，2009）。最后，虽然已有研究成果关注了企业与非政府组织合作的多个方面，但是在企业与非政府组织合作的市场化路径和经济后果方面的研究成果较为少见，并对企业与非政府组织合作所产生的市场经济后果机理研究还不够深入。同时在促进 CSR 建设的背景中，非政府组织在与企业合作的本土化过程中将面临更多需要解决的问题，也需要有中国的数据进行支撑，相关研究还有较大深入空间。

因此，本书选择在 CSR 背景下，着重讨论企业与非政府组织合作履行 CSR 的市场化效应和机理，研究成果将对以上两个领域的相关研究形成补充。

通过本章的回顾，对 CSR 影响企业利益的相关研究，以及企业与非政府组织合作的相关研究有了进一步的了解。从中总结出现有研究的不足和未来的可深入空间，为后续章节的研究奠定理论基础。

第二篇 作用机理篇

本篇主要研究分析社会责任中非政府组织参与影响企业绩效的市场路径与机理,并从金融资源、风险敏感度、人力资源和市场价值等四个市场化的效应方面展开研究。

第三章 非政府组织参与 CSR 建设对企业金融资源的影响研究

本章概要：以社会责任延续性和非政府组织关联度作为企业实施积极型 CSR 战略的表征，以信息不对称和委托代理理论为基础，阐释积极型 CSR 战略缓解企业融资约束的机理，并进行实证检验。研究表明：企业采纳积极型 CSR 战略有助于缓解企业的融资约束。具体而言，第一，CSR 具有延续性或与非政府组织关联紧密的企业，减轻了企业与利益相关者间的信息不对称，面临的融资约束更低；第二，CSR 具有延续性及与非政府组织关联紧密的企业，融资约束缓解效应的持久性更好，且在股权和债务融资渠道方面的效果均更加明显；第三，通过拓展检验还发现融资约束的缓解作用表现出行业差异，积极型 CSR 战略对缓解"环境约束型"行业的融资约束更加明显；第四，企业的 CSR 延续性特征更多是减轻委托代理成本，而非政府组织关联特征更多的是缓解信息不对称。

第一节　引　　言

随着经济的不断发展和社会的不断进步，CSR[①]观念被广泛接受和传播，全球企业越来越主动地将 CSR 纳入公司的运营管理和战略架构之中（Luetkenhorst，2004；唐艳，2011）。一直以来，理论界和实务界都在研究与回答一个最基本的问题：履行 CSR 是否能够为企业创造价值？已有成果从各种价值角度进行了探究，但目前尚未完全达成一致结论。有研究认为，CSR 不但对企业和股东的经济价值没有贡献，反而 CSR 支出会导致竞争中的成本劣势（McWilliams and Siegel，1997；Bellusci et al.，2008）。与前述观点不同，另有研究发现，CSR 对构建竞争优势和实现可持续发展有显著贡献，对企业有明显的价值贡献。研究认为，CSR 能通过缓解信息不对称或代理问题，帮助企业积累有价值的重要生产要素资源或竞争资源（Velde et al.，2005）。例如，吸引高质量的员工（Brekke and Nyborg，2008）、获得超预期的市场机会（Fombrun et al.，2008）、帮助企业形成优良的无形资产（Hull and Rothenberg，2008）等。但在现实生活中企业履行 CSR 的效果却存在差异，部分企业虽然履行了 CSR，但似乎对企业的资源或价值积累没有起到明显的作用。于是学者进一步研究了 CSR 行为（表现）差异对企业资源（价值）积累的影响，并证实 CSR 表现较好或积极型 CSR 行为对企业来说更具价值，而消极型 CSR 行为则可能引起负面作用（Chang，2015）。

从生产要素的角度来看，资金是企业关键的生产要素之一，被喻为企业的"血液"。但由于现实中资本市场的不完美，企业时常遭遇融资约束问题。严重的外部融资约束会导致企业因资金问题放弃投资 NPV（net present

---

① CSR 是指企业不仅具有承担经济和法律责任的义务，而且还有义务制定有利于社会目标与价值的政策，并为实现社会目标和价值付诸行动。

value，净现值）为正值的项目，进而对企业价值产生不良影响（Myers and Majluf，1983）。因此，寻求缓解融资约束的渠道和方法一直是理论界与实务界的研究热点。考虑到信息不对称是融资约束的主要原因之一，并且减轻信息不对称是 CSR 的重要作用之一（Cheng et al.，2014），因此，研究 CSR 对融资约束的缓解作用具有可靠的理论依据。从已有文献来看，从 CSR 角度进行研究的国内外成果均较为少见。除此之外，本章拟进一步研究 CSR 的延续性和主动性对缓解融资约束的调节作用。由于已有成果在界定积极（消极）CSR 时，通常采用量表或法规制度作为标准（Chang，2015）[①]，同时，在评判 CSR 表现优劣时，通常以是否采纳 CSR 行为或 CSR 表现的得分高低来划分。一方面，积极（或消极）型 CSR 的划分标准很难显示企业的内生动机，降低了对企业积极性的识别准确度[②]；另一方面，仅用是否有 CSR 行为或 CSR 表现的得分高低，也无法较好地揭示 CSR 表现的质量优劣[③]。Graafland 等（2004）在研究中强调：战略的质量才是 CSR 影响企业未来的关键。换句话说，只有兼具延续性和主动性的积极型社会责任战略，才能表示 CSR 战略的高质量，也才能更好地帮助企业赢得"未来"。

为研究上述问题，本章首先分析 CSR 缓解融资约束的作用及机理，并引入"表现延续性"[④]和"非政府组织关联"两个维度来表征企业的积极型 CSR 战略，对现有研究形成补充。这主要是因为：第一，具有延续性特征的 CSR 战略更能表明企业的 CSR 战略属于积极型战略。延续性在本章的含义是"既优又稳"。"优"代表企业的 CSR 表现处于上游水平；"稳"代表企业长时间坚持 CSR 活动。"既优又稳"既表明了企业在 CSR 战略上的主动

---

① 例如，若企业的 CSR 行为只按照法律规章要求来进行，就被认为是消极型行为，而超越了法律规章要求的 CSR 活动被认为是主动性行为，但在现实中却很难具体划分哪些行为是超越了法律规章要求的部分，同时企业有超越法律规章要求的行为，也并不一定代表企业就有良好的 CSR 表现，如企业的策略性捐赠行为或被迫捐赠行为就不能代表企业具有良好的社会责任感。

② 例如，企业履行了一项法律规定的责任行为，我们并不能主观地判断该企业的动机是积极的还是消极的。

③ 例如，一家企业在往年表现良好但在今年表现较差时，企业的 CSR 行为是好是坏是很难说清的。

④ CSR 表现的延续性在本章分两个维度，即优良性和稳定性。同时具有优良性和稳定性两个特征的企业 CSR 表现，则称为具有延续性的 CSR 表现，称该企业的社会责任战略具有延续性。反之，则企业的社会责任战略不具有延续性。关于优良性和稳定性的界定将在后文进行说明。

性，也表明企业实施 CSR 战略的质量上佳。也就是说，企业既主动实施了 CSR，同时还一直保持了较好的 CSR 表现。相对而言，消极型 CSR 的企业则很难同时做到"优"和"稳"。第二，具有非政府组织关联特征的社会责任战略同样更能体现积极型 CSR 战略。非政府组织关联特征在本章的含义是"企业与非政府组织是否有良好的合作关系"，分为关联紧密或关联松散。由于中国体制环境与国外的区别较大，非政府组织在国内外所扮演的角色和所起的作用亦有较大差别。国内外非政府组织的差别关键在于：国外的非政府组织在介入企业 CSR 时更加直接有效。这是因为国外非政府组织的综合实力（如资源掌握、独立性、话语权等）远胜国内的非政府组织，其不但能用资源吸引企业，也能用话语权改变企业。相比较而言，国内的非政府组织有的附属于政府下设机构，独立性不够强；有的是民间组织，话语权不够强；并且国内的非政府组织普遍缺乏吸引企业的资源（如资金、服务等），因而对企业既缺少吸引力，也没有震慑作用。正因为国内非政府组织的特殊情况，国内企业与非政府组织的良好合作恰好能更清晰地表明企业实施 CSR 的战略主动性和长远眼光。

本章认为，CSR 的"表现延续性"和"非政府组织关联"两个特征，能更好地代表企业积极型 CSR 行为，同时表示 CSR 行为有较高的质量，进而通过降低信息不对称和减轻委托代理问题，使企业的融资约束更低，在后文会提供理论分析和实证证据。

本章的主要贡献在于：引入 CSR "表现延续性"和"非政府组织关联"两个特征，从理论和实证两个方面，研究积极型 CSR 战略缓解融资约束的机理和效应。本章的相关研究能够从视角和证据两个方面对已有成果形成补充。在现有国内外研究中，与本章研究比较相似的有 Cheng 等（2014）、Ghoul 等（2011）、Goss 和 Roberts（2011）等。他们分别研究了 CSR 对获得更多金融资源、优惠贷款期限和利息（Ghoul et al.，2011），以及降低企业的资本成本（Goss and Roberts，2011）的正外部性作用。本章的研究设计与这些成果的主要区别在于：他们虽然考虑了 CSR 表现与资本成本、银行借贷和金融资源获取之间的关系，但都没有考虑积极型 CSR 的主动性和质量特征，并且其样本来自发达国家，没有发展中国家的样本证据。国内学者何贤杰等（2012）、罗珊梅和李明辉（2015）、肖翔等（2013）也研究了相关主题，本书与他们的研究的区别主要在于：本章考虑了积极型 CSR 的主动性和质量问题，研究其积极型特征的调节作用，这是国内研究暂未讨论的内容。另外，国内成果也没有对其中的中介、渠道、时间和行业效应进行拓展检验。

本章着重研究 CSR 对企业融资约束的影响，同时考察非政府组织的作用，以及该作用的中介效应、渠道效应、时间效性和行业效应。结合"润灵环球责任评级"（Ranking CSR Ratings，RKS）报告、"WIND 数据库"和"CSMAR 数据库"，选取 2009~2013 年的沪深两市 A 股作为研究样本，采用"SA 指数"作为企业融资约束的度量指标，以 RKS 的 CSR 表现评级作为 CSR 表现的度量指标，同时控制财务、时间和行业等变量，并进一步在拓展研究中检验积极型 CSR 缓解融资约束的中介效应、渠道效应、时间效应和行业效应。在稳健性检验中，我们用"现金-现金流敏感性"和"分析师预测指标"作为融资约束和信息不对称的替代变量。同时，采用 Heckman 两阶段方法检验模型的内生性。

第二节　文献回顾与理论分析

一、社会责任对企业利益的影响

社会责任对企业利益影响的研究成果比较丰富，按研究观点可划分为"无益"论和"有利"论两个阶段。在先期的研究中，学者主要支持"无益"论，他们认为 CSR 无法为企业贡献价值，甚至还是额外负担。从最初新古典经济学认为社会责任对企业来说是"包袱"，并将导致企业的竞争劣势（McWilliams and Siegel，1997），到研究认为履行 CSR 并不会给股东带来经济利益，仅仅使管理者受益的结论（Bellusci et al.，2008），它们均支持 CSR 无法对企业利益有所贡献的观点。但以上研究只是简单讨论了 CSR 与企业成本、股东利益或企业利益的简单关系，只是简单地考虑了经济价值，无法全面反映 CSR 与企业利益所蕴含的内涵与外延变量的真实关系。

随着研究的深入，学者从更多的角度和维度对 CSR 与企业利益进行了探究，更多学者开始支持"有利"论。学者认为，履行 CSR 将有益于企业获得更多有价值的资源（Velde et al.，2005），不但能够吸引高质量的员工，而且有助于保持员工队伍的稳定性（Brekke and Nyborg，2008）。不仅如此，履行 CSR 有助于企业提高其产品质量和服务质量，进而可能获得一些优良的和超预期的市场机会。研究发现，履行 CSR 能增加企业产品和服务的市场需求量（Sen and Bhattacharya，2001），甚至能帮助企业形成优良的无形资产（Hull and Rothenberg，2008）。另外，从利益相关者的角度来看，由于 CSR 关注了更多利益相关者的利益，有助于企业规避法律制度和财务风险（Hawn，2013），还能吸引更多的社会责任投资者，聚集更多的金融资源（Kapstein，2001）。更进一步的研究发现，具有较高 CSR 表现评分的企业，面临的非系统性风险较低（Lee and Faff，2009），能获得卖方分析师更好的评估和预测（Ioannou and Serafeim，2014），其资本成本和权益成本均更低（Dan et al.，2010；Ghoul et al.，2011）。而 CSR 评分较低的企业在获得银行贷款上，比 CSR 得分高的企业平均会多付出 7~8 个百分点的利息（Ioannou and Serafeim，2014）。同时，相对于消极型（reactive）CSR 行为企业来说，积极型（proactive）CSR 行为企业更容易获得这些价值（Chang，2015）。

上述研究表明，CSR 对企业利益的影响已经从企业视角延伸到资本市场视角。但现有研究主要集中于从是否履行、是否主动、时间长度等单一角度，来探讨 CSR 对企业利益的影响，在变量选择方面主要是简单地以评分高低作为唯一标准来区分企业；在衡量 CSR 的积极（消极）性方面，主要以法规或负面事件为标准（Chang，2015）。从现实情况来看，履行 CSR 时间长的企业，可能 CSR 表现并不好，抑或企业虽然主动履行，但其质量并不理想。"战略质量才是 CSR 影响企业未来的关键"（Graafland，2004），也就是说，只有一个高质量的积极型社会责任战略，才能更好地帮助企业赢得"未来"。这一导向既符合社会责任理念的初衷，也是社会和公众对企业的期望。但已有成果中对积极型 CSR 的判断选择既有隐性缺陷，也有不确定性[①]，未能很好地显示高质量积极型 CSR 战略的特征，亟须进行更深入的研究。

二、企业融资约束对企业利益的影响

由于融资约束的存在，许多企业在投资决策时被迫收缩存货、研发等各类投资（Carpenter and Petersen，1998），虽然企业有"某些办法"[如转让股权（Chevalier，1995）、压缩劳动力（Faulkender and Petersen，2012）]来渡过"难关"，但失去了珍贵的投资机会，从长远来看将对企业利益产生不良影响。

已有成果主要从两个角度研究融资约束对企业的不利影响。一类研究是从影响企业投资决策的角度。研究指出，融资约束的存在使企业被迫放弃本应该进行且可以获得利润的投资机会，特别是研发类的投资（Carpenter and Petersen，1998）。如果可以减轻融资约束，而其他条件不变，企业就可以进行可获利的投资，将会有利于企业成长（Faulkender and Petersen，2012）。

另一类研究是从融资约束影响企业市场决策的角度。研究指出，面临较低融资约束的企业不仅更容易在市场或行业中存活，还更容易进入新的行业或市场。这样的决策有利于企业的生存和成长（Scarpetta et al.，2007），不仅企业发展会受到融资约束的影响，甚至国家发展也会受到融资约束的影响。研究指出，一个功能完备的国家投融资系统是支撑国家发展的重要基础（Cabral and Mata，2003）。

综上，融资约束对企业的生存、成长和扩张等决策都产生了不良影响。若能寻找到有助于缓解融资约束的方法和途径，则其兼具理论和实践意义。

---

① 例如，研究者通常认为：企业在没有任何事件或压力下实施 CSR，则是积极型行为，而迫于压力或为挽回负面信息、保护企业形象而进行的 CSR 是消极型行为。但现实中很难区分企业是否有压力，同时，企业保护自己的 CSR 行为也并非完全是因为负面信息。因此，现有的界定存在内生性与不确定性。

三、CSR 战略缓解企业融资约束的机理

企业融资约束存在的根本原因是存在信息不对称和委托代理问题（Chang，2015）。换句话说，企业的融资约束程度高低主要取决于企业与资金供给者之间的信息不对称程度和代理成本高低。如果存在这些问题，企业通过融资得到的资本中的一部分就将用于补偿信息成本，进而增加融资成本，此时企业所需的投资资本就会超过其项目 NPV。也就是说，市场摩擦越大，外部融资成本就越高。因此，较低的融资约束允许企业从事更多的投资（Hennessy and Whited，2007）。自然而然地，企业在实施战略时将会趋向于采用一些可以降低信息不对称和减轻代理问题的手段，以达到更有效融资的目的。

本章认为，企业 CSR 表现具有延续性并与非政府组织建立起良好的合作关系，这意味着企业实施了高质量的积极型 CSR 战略，将有助于降低其融资约束。以上推断的作用机理，主要是减轻了融资中的信息不对称和委托代理问题，具体体现在以下四个方面。

第一，当企业实施具有延续性和主动性特征的积极型 CSR 战略时，表明企业更加关注对利益相关者的承诺和利益（Choi and Wang，2009），因而具有短期机会主义行为的概率会降低（Bénabou and Tirole，2010）。如果企业与其利益相关者是基于相互信任与合作的基础上签约，将有助于降低代理成本、交易成本，以及与生产合作相关的其他成本，如监督成本、搜寻成本、担保成本和剩余损耗等（Jones，1995）。积极型 CSR 一方面更有助于建立起信任，产生合作基础；另一方面，由于对利益相关者的承诺，企业与雇员、顾客和商业合作伙伴的关系质量更佳，能够让企业获得更多的收益或利润，同时利润的持续性也更好（Choi and Wang，2009）。有研究指出，在降低代理成本的问题中，从道德承诺的角度进行比机制设计更容易见效（Jones，1995）。换句话说，较好的利益相关者承诺能降低企业短期机会主义行为的可能性。同时，它也能代表一种企业与关键利益相关者形成

契约的有效方式，而这样的方式会获得较好的回报。

第二，当企业实施具有延续性的积极型 CSR 战略时，表示企业在施行 CSR 时兼具主动性和高质量，因而更能符合公众预期，巩固企业向利益相关者传递的正面信号，更加有助于减轻企业的代理问题和信息不对称问题。从预期理论的角度看，企业承担 CSR 在提升公众态度的同时，企业的利益相关者会对履行 CSR 的企业产生预期，他们更期望企业的 CSR 战略具有持续性、优良表现具有稳定性（黄敏学等，2008）。如果企业的社会责任战略一旦停止或社会表现变差，则会使其利益相关者的预期落空，进而产生负向预期失验效应，会引起利益相关者对企业的不满，降低对企业的态度和认识（Wagner et al.，2009）。同时，从积极和消极的角度来看，积极型 CSR 表明企业没有任何事件或压力导致企业必须执行 CSR，因而，其动机更加符合 CSR 理念（Du et al.，2007）；而消极型 CSR 是一种迫于压力或为挽回负面信息、保护企业形象而进行的 CSR 活动（Wagner et al.，2009）。相对于消极型 CSR 活动而言，积极型 CSR 活动更能提高公众对企业的正面态度，消极型 CSR 活动，其企业会被认为缺乏 CSR 理念、不关心公众福祉、不具有社会担当（Chang，2015）。与一次性或临时性 CSR 相比，企业长时间坚持 CSR 战略，会让利益相关者认为企业是真心关心社会福祉、真心投入 CSR 建设事业，而非一时兴起或临时的行动（Sen and Bhattacharya，2001），同时，长时间履行 CSR 的企业才能持续地对利益相关者产生正面影响（Biehal and Sheinin，2007）。同时，将 CSR 作为企业的长期战略，需要企业进行大量的资源（如时间、金钱、人力等）投入（Robin and Reidenbach，1987），具有延续性的积极型 CSR 战略也表明企业有能力解决这些资源的投入，也向利益相关者彰显了企业实力和发展的良性趋势。因而，积极型 CSR 行为能更加提升企业的公信力，巩固利益相关者对企业融资的支持态度。

第三，具有以上特征的积极型企业 CSR 战略，更能向市场表明企业的长期战略目标。一方面，包含以上特征的 CSR 报告增加了公司治理的透明度，因为此时企业不但披露了财务信息、治理信息，同时还披露了社会和环境信息，进一步降低了信息不对称程度。另一方面，借助第三方（如非政府组织）力量有可能促进 CSR 行为规范性，进而使企业更加遵守规则，能够更加提升企业报告的可信度，进一步降低短期机会主义的代理成本（Robin and Reidenbach，1987）。企业通过持续向市场披露更多的 CSR 行为信息，能更好地将自身与其他企业差别化（Bénabou and Tirole，2010）。

第四，由于非政府组织与企业存在复杂关系和众多关联，非政府组织已经成为 CSR 行动的重要特征之一（Mesure，2007）。主动引入非政府组织参与企业 CSR，就意味着合作或对抗将交织在企业运行的全过程中（Weber，2009），这种"自找麻烦"的做法更加凸显履行 CSR 的企业的主动性和战略考量。一方面，如果二者目标不一致，则非政府组织会采用游行、抗议等各类维权行为来给企业制造"麻烦"，通过行为向利益相关者传递信息，影响企业的利益相关者对企业的态度和观念（Weber，2009），能起到更好的监督作用；另一方面，非政府组织能帮助企业更好地面对激烈竞争环境中的管理、社会和政治压力，以保证其规范性、合法性和企业声誉，还能对利益相关者的负面行为进行预期和预防，如各类高复杂性和高关联性的社会期望、激进主义行动与政府管制的影响（Burchell and Cook，2006）。对企业的投资者来说，与非政府组织合作的企业更加规范、信息透明和值得信赖。

上述分析表明，相对于其他企业而言，积极型 CSR 能够降低企业机会主义行为的概率，使企业规范性更好、透明度更高，利益相关者承诺更加可信，信用度也更高，进而帮助企业更有效地减轻代理问题和信息不对称问题。因此，从理论角度可以认为，实施积极型 CSR 战略有助于缓解企业的融资约束。

综上分析，本章拟检验如下假设，其中假设 3.1 和假设 3.2 是关于作用机理的检验，假设 3.3 和假设 3.4 是关于积极型 CSR 战略缓解融资约束的检验。

假设 3.1：CSR 具有延续性的企业，其代理成本和信息不对称程度更低。

假设 3.2：CSR 与非政府组织关联紧密的企业，其代理成本和信息不对称程度更低。

假设 3.3：CSR 具有延续性的企业，其面临更低的融资约束。

假设 3.4：CSR 与非政府组织关联紧密的企业，其面临更低的融资约束。

第三节　研究设计及实证检验

一、延续性和非政府组织关联的界定与度量

在本章中，积极型 CSR 表现为两类特征：一是企业 CSR 责任表现的延续性；二是非政府组织关联程度。我们将 CSR 表现的延续性界定为两个维度，即优良和稳定。其中，"优良"是指同一企业在 RKS 榜上的评分排名位于 25%之前，与之对应，"低劣"是指排名位于 75%之后[1]。"稳定"是指同一企业在 RKS 榜上连续 3 年均符合"优良"标准，而不满足稳定的其他情况均被界定为"波动"。根据以上两个维度可以将企业的 CSR 表现分为 4 组情况，分别是 A 组（优良、稳定）、B 组（优良、波动）、C 组（低劣、稳定）和 D 组（低劣、波动），分组的描述统计结果见表 3.1，分组标准见脚注[2]。

表 3.1　按延续性分组的 CSR 表现得分描述性统计结果

分组	样本数	均值	最小	最大
A 组	339	49.838 84	21.34	82.438 42
B 组	125	31.327 63	21.20	61.551 70
C 组	308	23.555 63	15.20	36.131 90
D 组	404	30.597 12	14.15	63.000 00
总体	1 176	34.465 90	14.15	82.438 40

注：删除了 CSR 报告和评分不满 3 年的样本公司

---

[1] 企业的总数以当年 RKS 榜的企业总数为准。

[2] 首先以 CSR 得分的变异系数划定稳定组与波动组；其次在稳定组中进行细分，将 CSR 得分处于行业前 25%的上市公司和后 25%的上市公司划分为稳定优良组与稳定低劣组。

　　由于我国的非政府组织发展还处于起步阶段，没有专业机构或完整的数据库披露非政府组织参与上市公司 CSR 行动的情况，本章采用"内容分析法"对 CSR 报告进行分析和打分[1]，并借此考察非政府组织在上市公司 CSR 中与非政府组织的关联程度高低。考虑到我国非政府组织以对抗方式推进 CSR 的事例非常少见，因此，主要考虑非政府组织以合作方式参与 CSR 中的事件作为企业与非政府组织关联程度的计分依据[2]。同时，考虑到"各行业对非政府组织的合作诉求并不完全一致"、"CSR 报告的信息披露完整性"和"样本的数量"等因素，通过对 CSR 报告中与非政府组织相关的内容进行分析和计分，得到非政府组织与企业关联程度的评分。按照企业与非政府组织关联程度评分位于 25% 之前和 75% 之后，将样本分为关联紧密组（G 组）和关联松散组（H 组），分组结果见表 3.2。

表 3.2　　按企业与非政府组织关联程度分组的 CSR 得分描述性统计结果

年份	样本数	平均分	最高分/最低分	25%分位数	75%分位数
2009	36	10.888 89	73/0	0	14.5
2010	52	10.711 54	96/0	0	11.0
2011	56	10.553 57	90/0	0	14.5
2012	56	14.625 00	157/0	2.5	19.0

注：因存在滞后变量，故统计到 2012 年，且已经能够满足研究需求

二、积极型 CSR 表现与信息不对称和代理成本的实证检验

　　根据前文的分析，企业的 CSR 战略是降低代理成本和信息不对称程度，进而有助于缓解融资约束。因此，借鉴 Barclay 等（2007）的研究，选取

---

　　[1] 与非政府组织关联得分细则：第一，在样本公司的社会责任报告中直接出现"非政府组织或 NGO"字词，计 1 分；第二，报告中明确地出现具体的非政府组织类型，如行业协会、慈善基金会、各类官方或民间的非营利机构等，计 1 分；第三，报告中明确出现与非政府组织相关的合作项目名称，计 1 分；第四，报告中明确出现第二项中合作项目细节，如时间、地点、项目内容和费用等，计 1 分；第五，第一项至第四项的同项得分可以累计，但上限为 10 分；第六，最终得分由第一项至第四项的分项得分相加得出。

　　[2] 本章选择"合作"为非政府组织与企业合作的主要方式的原因是：主要考虑到我国非政府组织的发达程度与国外相比还有较大差距，非政府组织采用对抗方式参与 CSR 建设的样本较少，且具体界定较为困难，也较难获得相关数据。

BM 变量反映信息不对称程度，该值越大表示企业的信息不对称程度越低。在代理成本方面，我们参照 Ang 等（2000）的研究使用销售管理费用率（Cost）和资产周转率（Turnover）两种方法分别计量代理成本。销售管理费用率值越大表示企业代理成本越高；资产周转率值越大，表示企业代理成本越低。主要研究变量及说明如表 3.3 所示。

表 3.3 主要研究变量及说明（一）

变量类型	名称	变量描述	变量定义
因变量	$SA_{i,t}$	$SA^{1)}$ 指数	参考 Hadlock 和 Pierce（2010）的研究
	$EQU_{i,t}$	股权融资	企业权益性融资获得的现金
	$DEBT_{i,t}$	债权融资	企业债务性融资获得的现金
	$\Delta Cash_{i,t}$	融资约束程度	本年度现金及现金等价物的增加额除以总资产（稳健性检验时使用）
	$DCSR_{i,t}$	是否发布 CSR 报告	虚拟变量，如果企业该年发布 CSR 报告为1，否则为0
	$Turnover_{i,t}$	资产周转率	主营业务收入除以总资产
	$Cost_{i,t}$	管理费用率	管理费用除以总资产
	$BM_{i,t}$	面值市值比	公司账面价值除以公司市场价值
自变量	FERROR	分析师预测误差	企业真实净利润减去分析师预测净利润差值的绝对值除以年初股价，计算公式为：$FERROR = \dfrac{\|Earning - Forcastearning\|}{Price}$
	DISPERSION	分析师预测分歧度	分析师对净利润预测的标准差除以年初股价，计算公式为：$DISPERSION = \dfrac{std(Forcastearning)}{Price}$
	$CSR_{i,t-1}$	企业 CSR 表现得分	企业 $t-1$ 年的 CSR 表现得分情况
	e_0	CSR 表现分组变量	虚拟变量，企业 CSR 表现为稳定优良组（A 组）取1，其他取0
	e_1	CSR 表现分组变量	虚拟变量，企业 CSR 表现为稳定优良组（A 组）取1，波动优良组（B 组）取0
	e_2	CSR 表现分组变量	虚拟变量，企业 CSR 表现为稳定优良组（A 组）取1，稳定低劣组（C 组）取0
	e_3	CSR 表现分组变量	虚拟变量，企业 CSR 表现为稳定优良组（A 组）取1，波动低劣组（D 组）取0
	e_4	CSR 表现分组变量	虚拟变量，企业 CSR 表现为上升波动组（E 组）时取1，下降波动组（F 组）时取0
	dngo	非政府组织关联程度分组变量	虚拟变量，企业 CSR 与非政府组织关联程度得分位于 25% 以前时 dngo=1（表示关联紧密），位于 75% 以后时 dngo=0（表示关联松散）
	$CF_{i,t}$	公司现金流	经营活动的现金流除以总资产

变量类型	名称	变量描述	变量定义
自变量	$Num_{i,t}$	分析师跟踪人数	等于上年度年报披露日至本年度年报披露日之间发布盈利预测的分析师人数的自然对数
	$UE_{i,t}$	未预期盈余	等于企业当年 EPS[2] 与上一年 EPS 差的绝对值再除以上一年 EPS 的绝对值
	$Transp_{i,t}$	财务透明度	等于企业本年度净利润减去经营活动现金流量净额，再除以总资产，该值越大代表企业财务报告越不透明
	$Horizon_{i,t}$	预测时长	等于分析师盈利预测发布日与年报实际披露日平均间隔天数的自然对数
控制变量	Age	上市年限	等于企业样本当年年份-企业上市年份
	$Size_{i,t}$	企业规模	总资产的自然对数
	$ROA_{i,t}$	资产收益率	净利润/总资产
	$LEV_{i,t}$	资产负债率	总负债/总资产
	$Growth_{i,t}$	公司成长性	（本年销售收入-上年销售收入）/上年销售收入
	$TobinQ_{i,t}$	公司价值	期末企业股票总市值与负债账面价值之和除以期末总资产
	$\Delta STD_{i,t}$	短期负债比率	短期流动负债的变动除以总资产
	$\Delta NWC_{i,t}$	营运资本变动比率	本期净营运资本的变动除以总资产
	$Expenditure_{i,t}$	资本支出	本期企业购建固定资产、无形资产和其他长期资产支付的现金除以期末总资产

注：1）SA：size-age，融资约束；2）EPS：earn per share，每股收益率

实证模型如式（3.1）~式（3.6）所示，其中，式（3.1）是代理成本检验，式（3.2）是关于代理成本的延续性分组检验，e_0 是分组虚拟变量（样本具有延续性特征时 $e_0=1$，否则 $e_0=0$），式（3.3）是关于代理成本按非政府组织分组检验，dngo 代表分组虚拟变量（dngo=1代表与非政府组织关联紧密，dngo=0代表关联松散）；式（3.4）是关于信息不对称的检验，式（3.5）和式（3.6）分别是信息不对称按延续性和非政府组织的分组检验。

$$Turnover_t \text{ or } Expenditure_{i,t}=\alpha_1+\alpha_2 CSR_{t-1}+\alpha_3 LEV_t+\alpha_4 ROA_t$$
$$+\alpha_5 Growth_t+\sum Industry+\sum Year+\varepsilon \quad (3.1)$$

$$Turnover_t \text{ or } Expenditure_{i,t}=\alpha_1+\alpha_2 CSR_{t-1}+\alpha_3 e_0+\alpha_4 LEV_t+\alpha_5 ROA_t$$
$$+\alpha_6 Growth_t+\sum Industry+\sum Year+\varepsilon \quad (3.2)$$

$$Turnover_t \text{ or } Expenditure_{i,t}=\alpha_1+\alpha_2 CSR_{t-1}+\alpha_3 dngo+\alpha_4 LEV_t+\alpha_5 ROA_t$$
$$+\alpha_6 Growth_t+\sum Industry+\sum Year+\varepsilon$$
$$(3.3)$$

$$BM_t = \alpha_1 + \alpha_2 CSR_{t-1} + \alpha_3 LEV_t + \alpha_4 ROA_t$$
$$+ \alpha_5 Growth_t + \sum Industry + \sum Year + \varepsilon \tag{3.4}$$

$$BM_t = \alpha_1 + \alpha_2 CSR_{t-1} + \alpha_3 e_0 + \alpha_4 LEV_t + \alpha_5 ROA_t$$
$$+ \alpha_6 Growth_t + \sum Industry + \sum Year + \varepsilon \tag{3.5}$$

$$BM_t = \alpha_1 + \alpha_2 CSR_{t-1} + \alpha_3 dngo + \alpha_4 LEV_t + \alpha_5 ROA_t$$
$$+ \alpha_6 Growth_t + \sum Industry + \sum Year + \varepsilon \tag{3.6}$$

其中，Industry 表示行业效应；Year 表示年度效应；ε 为残差项。

实证结果如表 3.4 所示，代理成本和信息不对称变量的系数符号与预期一致，代理成本变量中至少有一项通过显著性检验，信息不对称变量通过显著性检验。这表明，总体上 CSR 降低了企业的信息不对称和代理成本。从表 3.5 的结果来看，代表延续性的虚拟变量 e_0 的回归系数与预期一致，且分别在 5% 和 1% 的水平上显著，表明 A 组（优良、稳定）的代理成本均低于其他样本公司，但信息不对称程度未能通过显著性检验。这启示我们，延续性特征的主要作用是降低代理成本。同时，观察表 3.5 中非政府组织关联程度的分组检验结果，可以看到，在代理成本上，代表与非政府组织关联程度的虚拟变量 dngo 均未通过显著性检验。这表明非政府组织对企业代理成本的影响不明显。在信息不对称程度方面，虚拟变量 dngo 通过了显著性检验，这表明与非政府组织紧密合作对减轻企业信息不对称程度发挥了作用。这一结果与我国非政府组织发展状态比较吻合，也就是说，非政府组织发展还处于初步阶段，对企业内部的影响还不甚明显，因此在减轻代理成本上无明显作用，但非政府组织已经能够在信息的透明度上发挥实质性作用。至此，本章的假设 3.1 和假设 3.2 得到验证，后文将进一步对机理的中介效应进行检验。接下来，继续检验假设 3.3 和假设 3.4。

表 3.4　CSR 表现与企业代理成本和信息不对称实证结果

变量	（1） 信息不对称 BM	（2） 代理成本 1 Turnover	（3） 代理成本 2 Expenditure
CSR	0.844***	0.077 2	−0.024 8***
	（5.60）	（0.95）	（−2.73）
ROA	−1.476***	1.937***	−0.155***
	（−2.75）	（6.68）	（−4.81）

续表

变量	（1） 信息不对称 BM	（2） 代理成本 1 Turnover	（3） 代理成本 2 Expenditure
LEV	0.029***	0.007***	−0.001***
	（20.94）	（9.42）	（−12.04）
Growth	−0.094	−0.142***	0.015***
	（−1.56）	（−4.38）	（4.02）
Year	已控制	已控制	已控制
Industry	已控制	已控制	已控制
截距项	−1.232***	0.229**	0.141***
	（−7.43）	（2.56）	（14.12）
调整 R^2	0.425	0.128	0.245
F	80.5	16.81	35.77
N	1 613	1 613	1 613

*p< 0.1、**p< 0.05、***p< 0.01；t 检验

表 3.5　CSR 表现与企业代理成本和信息不对称分组检验结果

变量	延续性分组			非政府组织关联分组		
	（1） 信息不对称	（2） 代理成本 1	（3） 代理成本 2	（1） 信息不对称	（2） 代理成本 1	（3） 代理成本 2
CSR	0.647**	9.95×10^{-2}	−0.003	−0.135*	−0.272	0.898
	（2.53）	（0.96）	（−0.39）	（−1.80）	（−0.90）	（1.25）
e_0	0.172**	−0.053	−0.008***	—	—	—
	（1.97）	（−1.49）	（−2.67）			
dngo	—	—	—	−0.061*	0.120	0.070
				（−1.91）	（0.93）	（0.23）
CSR × dngo	—	—	—	0.156*	0.030	$−8.03 \times 10^{-4}$
				（1.79）	（0.08）	（−0）
ROA	−3.499***	1.784***	−0.082***	−0.199	1.811***	−5.584***
	（−4.04）	（5.10）	（−2.75）	（−1.21）	（2.75）	（−3.58）
LEV	0.042***	0.085***	−0.008***	−0.016***	0.019	0.037***
	（17.69）	（8.87）	（−9.73）	（−3.88）	（1.19）	（9.84）
Growth	−0.111	0.139***	$−9.65 \times 10^{-3***}$	−0.029**	0.077	0.095
	（−1.14）	（3.53）	（−2.87）	（−2.43）	（1.63）	（0.85）
Year	已控制	已控制	已控制	已控制	已控制	已控制
Industry	已控制	已控制	已控制	已控制	已控制	已控制
截距项	−1.366***	0.182*	0.133***	0.235***	0.713***	−1.190***
	（−5.27）	（1.74）	（14.91）	（5.27）	（3.98）	（−2.80）
调整 R^2	0.443	0.155	0.300	4.060	5.690	19.870
F	59.330	14.500	32.470	0.140	0.200	0.501
N	1 176	1 176	1 176	321	321	321

*p< 0.1、**p< 0.05、***p< 0.01；t 检验

三、CSR 延续性和非政府组织关联与融资约束的实证检验

本章借鉴 Hadlock 和 Pierce（2010）提出的 SA 指数来度量企业的融资约束程度。在本章中，SA 值越小，代表企业的融资约束越严重。SA 指数的计算公式如下：

$$SA = -0.737 \times Size + 0.043 \times Size^2 - 0.04 \times Age \qquad (3.7)$$

为验证假设 3.3，采用式（3.8），它表示对 CSR 表现进行整体检验。

$$SA_{i,t} = \alpha_0 + \alpha_1 CSR_{i,t-1} + \alpha_2 Size + \alpha_3 ROA_{i,t}$$
$$+ \alpha_4 LEV_{i,t} + \alpha_5 Growth_{i,t} + \alpha_6 TobinQ + \varepsilon \qquad (3.8)$$

在本章中，CSR 得分越高，代表企业的 CSR 表现越好，因此，根据前文的分析，相应的融资约束应该更低。也就是说，预期 CSR 回归系数为正值，则表明 CSR 对融资约束具有缓解作用，实证结果见表 3.6。

表 3.6　CSR 表现延续性与融资约束的整体和分组检验结果

变量	（1） 整体 SA	（2） A 组与 B 组 SA	（3） A 组与 C 组 SA	（4） A 组和 D 组 SA	（5） G 组与 H 组 SA	（6） E 组与 F 组 SA
CSR	0.260***	−0.342	−0.597**	−0.565***	−0.265	−0.308**
	（6.45）	（−1.37）	（−2.04）	（−3.49）	（−1.45）	（−2.27）
$e_k (k=1,2,3,4)$	—	−0.172**	−0.201***	−0.241***		−0.058
		（−2.05）	（−3.10）	（−4.06）		（−0.88）
$CSR \times e_k$	—	0.480*	0.811***	0.819***		0.296
$(k=1,2,3,4)$		（1.83）	（2.69）	（4.66）		（1.27）
dngo	—	—	—	—	−0.097	—
					（−1.29）	
$CSR \times dngo$	—	—	—	—	0.340*	—
					（1.67）	
Size	0.501***	0.598***	0.572***	0.558***	0.574***	0.437***
	（91.35）	（59.82）	（66.69）	（70.26）	（44.37）	（49.61）
ROA	−0.861***	−1.110***	−1.252***	−1.186***	−0.004 5***	−0.508**
	（−6.17）	（−3.24）	（−5.25）	（−5.20）	（−4.10）	（−2.36）
LEV	−0.003***	−0.006***	−0.004***	−0.003***	−1.208***	−0.064
	（−7.67）	（−6.82）	（−6.15）	（−4.25）	（−3.04）	（−1.09）

续表

变量	（1）整体 SA	（2）A 组与 B 组 SA	（3）A 组与 C 组 SA	（4）A 组和 D 组 SA	（5）G 组与 H 组 SA	（6）E 组与 F 组 SA
Growth	0.023	0.018	0.028	0.037*	0.038	0.076**
	（1.58）	（0.71）	（1.48）	（1.77）	（1.38）	（2.40）
TobinQ	0.042***	0.069***	0.060***	0.054***	0.064***	0.013
	（6.59）	（3.83）	（6.73）	（4.65）	（3.26）	（1.09）
截距项	−9.161***	−10.430***	−10.130***	−10.000***	−10.200***	−8.500***
	（−112.52）	（−70.78）	（−86.08）	（−88.97）	（−61.80）	（−71.67）
F	1 041.210	778.330	1 111.760	1 169.750	540.000	463.730
调整 R^2	0.917	0.931	0.932	0.927	0.931	0.875
N	1 613	464	647	743	321	529

$*p< 0.1$、$**p< 0.05$、$***p< 0.01$；t 检验

表 3.6 第（1）列的实证结果显示，CSR 回归系数为正值，且在 1% 的水平显著。这表明 CSR 表现好的企业，融资约束程度更低。也就是说，表现良好的 CSR 有助于缓解企业的融资约束，但这不足以完全验证假设 3.3。

为进一步验证，我们分别将整体样本按延续性或非政府组织关联程度进行分组研究，采用的计量模型如式（3.9）和式（3.10）所示，式（3.9）是 CSR 延续性分组检验，式（3.10）是非政府组织关联程度分组检验。

$$SA_{i,t}=\alpha_0+\alpha_1 CSR_{i,t-1}+\alpha_2 e_k \times CSR_{i,t-1}+\alpha_3 e_k+\alpha_4 Size+\alpha_5 ROA_{i,t}$$
$$+\alpha_6 LEV_{i,t}+\alpha_7 Growth_{i,t}+\alpha_8 TobinQ+\varepsilon \quad （3.9）$$

$$SA_{i,t}=\alpha_0+\alpha_1 CSR_{i,t-1}+\alpha_2 dngo \times CSR_{i,t-1}+\alpha_3 dngo+\alpha_4 Size_{i,t}$$
$$+\alpha_5 ROA_{i,t}+\alpha_6 LEV_{i,t}+\alpha_7 Growth_{i,t}+\alpha_8 TobinQ_{i,t}+\varepsilon \quad （3.10）$$

其中，e_k 为分组虚拟变量[①]。

按前文分析，预期交乘项 $CSR \times e_k$ 系数为正值，同时交乘项 $CSR \times e_k$ 系

---

① e_1 是虚拟变量，A 组（$e_1=1$）和 B 组（$e_1=0$）分组对比（样本量 464 个=A 组 339 个+B 组 125 个）；e_2 是虚拟变量，A 组（$e_2=1$）和 C 组（$e_2=0$）分组对比（样本量 647 个=A 组 339 个+C 组 308 个）；e_3 是虚拟变量，A 组（$e_3=1$）和 D 组（$e_3=0$）分组对比（样本量 743 个=A 组 339 个+D 组 404 个）；e_4 是虚拟变量，F 组（$e_4=1$）和 E 组（$e_4=0$）分组对比（样本量 529 个=B 组 125 个+D 组 404 个）。dngo 是虚拟变量，G 组（dngo=1）和 H 组（dngo=0）。按非政府组织关联程度得分将样本分为关联紧密组（G 组）与关联松散组（H 组）。G 组样本是指，对非政府组织关联程度得分进行排序后，得分位于 25% 之前，dngo=1；H 组是指得分位于 75% 之后，dngo=0。

数与 CSR 系数之和应该为正值。换句话说，具有延续性特征的样本公司，其融资约束应该比其他组更低。从表 3.6 第（2）～（4）列的实证结果来看，交乘项与 CSR 变量系数之和均为正值，虚拟变量系数为负值，且分别通过 1%水平和 5%水平的显著性检验。这表明，具有延续性特征的 A 组样本比其他三组样本（B、C、D）的融资约束更低。至此假设 3.3 得到验证，即 CSR 表现具有延续性的企业，其融资约束程度更低。或者说，延续性 CSR 对融资约束显现出了缓解效应。

根据前文对非政府组织关联的分析，关联紧密组的融资约束程度应该低于关联松散组，也就是说，系数应该为正值，且交乘项与 CSR 项的系数之和为正值。表 3.6 第（5）列的结果显示，交乘项系数为正值，通过 10%水平的显著性检验，且交乘项与 CSR 项的系数之和为正值。这表明与非政府组织关联紧密的企业，其融资约束更低。也就是说，企业若能与非政府组织进行紧密合作来履行 CSR 战略，则有助于缓解企业的融资约束。至此，本章的假设 3.3 和假设 3.4 得到验证。

在验证了假设 3.3 和假设 3.4 后，我们还发现，具有波动特征的样本公司中，一部分公司的 CSR 表现得分呈上升趋势，另一部分呈下降趋势。于是我们将波动组 B 和波动组 D 的样本进行细化。以上市公司的 CSR 表现得分排名是处于"上升"趋势，还是处于"下降"趋势为分组标准，将样本公司分为上升波动组（E 组）和下降波动组（F 组）[①]进行实证检验，希望能从中发现负向预期失验效应。表 3.6 第（6）列的实证结果显示，分组变量 e_4 的系数和交乘项系数均不显著。这表明，在 CSR 表现不稳定的情况下，CSR 表现无论是呈上升还是下降趋势，企业的融资约束程度均没有明显缓解。这一结果可以侧面说明，CSR 表现的波动显现出了负向预期失验效应，企业不稳定的 CSR 表现无益于企业融资约束的缓解，这也从侧面印证了前文假设 3。

---

① 在波动组中进一步划分为上升的波动和下降的波动，如果某一上市公司某一年的 CSR 得分在行业中一直处于明显的上升趋势，则将虚拟变量赋值为 1，否则赋值为 0。

第四节　拓展研究与检验

考虑到前文中分析了 CSR 延续性和非政府组织关联的作用机理，但并未进行中介效应的检验。由于不同行业［如 IT（information technology，信息技术）业、制造业和医疗业］对 CSR 的需求具有差异，并且考虑到任一战略的效用均具有时效性（包括 CSR 战略），以及 CSR 战略对融资约束缓解的融资渠道差异，本章拟针对以上效应进行拓展研究，主要检验四种效应：一是 CSR 行为缓解融资约束的中介效应；二是 CSR 行为缓解融资约束的渠道效应；三是 CSR 行为缓解融资约束的时间效应；四是 CSR 行为缓解融资约束的行业效应。

一、CSR 行为缓解融资约束的中介效应检验

根据前文分析可知，积极型 CSR 通过降低企业的代理成本减轻企业的信息不对称程度，进而缓解企业的融资约束问题，信息不对称和代理成本变量皆为 CSR 影响融资约束的中介变量，各变量之间的关系如图 3.1 所示。其中，a_1、a_2 是自变量 CSR 对中介变量的效应；b_1、b_2 是控制了自变量 CSR 的影响后，中介变量对因变量 SA 的影响；c 为控制了中介变量的影响之后，CSR 对融资约束的影响。那么，在 a_i 显著的同时 b_i 显著，则说明中介效应存在，如果 c 也显著，则说明 CSR 对融资约束的影响既有直接效应又有间接效应。

中介效应参考温忠麟和叶宝娟（2014）的单步多重中介变量的检验流程进行，检验方程见式（3.11）~式（3.16）。从表 3.7 的检验结果可以看到，CSR 系数与 SA 呈显著正相关关系，代理成本 2（Expenditure 变量）与信息不对称变量通过显著性检验［代理成本 1（Turnover 变量）未通过显著性检

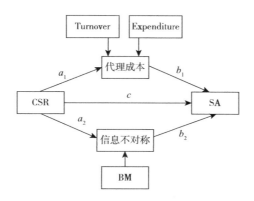

图 3.1 信息不对称和委托代理的中介作用

验], 另外, CSR 系数与中介变量系数均通过显著性检验, 说明中介效应确实存在, 并且既包含了直接效应又包含了间接效应, 也就是说, CSR 既能够直接影响企业的融资约束, 又可以通过中介变量（代理成本和信息不对称）对因变量（融资约束）产生影响。

表 3.7 CSR 影响融资约束的中介效应实证结果（信息不对称和委托代理）

变量	（1）SA	（2）SA	（3）SA	（4）SA
CSR	1.871***	1.869***	1.829***	1.655***
	（20.03）	（20.00）	（19.80）	（19.26）
Turnover	—	0.031	—	—
		（1.07）		
Expenditure	—	—	−1.727***	—
			（−6.80）	
BM	—	—	—	0.257***
				（18.16）
ROA	2.468***	2.408***	2.199***	2.847***
	（7.42）	（7.14）	（6.66）	（9.38）
LEV	0.015***	0.015***	0.013***	0.008***
	（17.37）	（16.66）	（14.90）	（8.47）
Growth	0.016	0.020	0.041	0.040
	（0.42）	（0.54）	（1.11）	（1.18）
Year	已控制	已控制	已控制	已控制
Industry	已控制	已控制	已控制	已控制
截距项	2.468***	−3.21***	−3.852***	−2.886***
	（7.42）	（−31.11）	（−55.13）	（−30.27）
F	89.67	84.15	205.11	121.97
调整 R^2	0.452	0.452	0.388	0.547
N	1 613	1 613	1 613	1 613

*$p < 0.1$、**$p < 0.05$、***$p < 0.01$；t 检验

$$SA_{i,t}=\alpha_0+\alpha_1 CSR_{i,t-1}+\alpha_2 Expenditure_{i,t}+\alpha_3 ROA_{i,t}+\alpha_4 LEV_{i,t}$$
$$+\alpha_5 Growth_{i,t}+\sum Industry+\sum Year+\varepsilon \tag{3.11}$$

$$SA_{i,t}=\alpha_0+\alpha_1 CSR_{i,t-1}+\alpha_2 Turnover_{i,t}+\alpha_3 ROA_{i,t}+\alpha_4 LEV_{i,t}$$
$$+\alpha_5 Growth_{i,t}+\sum Industry+\sum Year+\varepsilon \tag{3.12}$$

$$SA_{i,t}=\alpha_0+\alpha_1 CSR_{i,t-1}+\alpha_2 BM_{i,t}+\alpha_3 ROA_{i,t}+\alpha_4 LEV_{i,t}$$
$$+\alpha_5 Growth_{i,t}+\sum Industry+\sum Year+\varepsilon \tag{3.13}$$

$$SA_{i,t}=\alpha_0+\alpha_1 CSR_{i,t-1}+\alpha_2 e_k+\alpha_3 Expenditure_{i,t}+\alpha_4 ROA_{i,t}+\alpha_5 LEV_{i,t}$$
$$+\alpha_6 Growth_{i,t}+\sum Industry+\sum Year+\varepsilon \tag{3.14}$$

$$SA_{i,t}=\alpha_0+\alpha_1 CSR_{i,t-1}+\alpha_2 e_k+\alpha_3 Turnover_{i,t}+\alpha_4 ROA_{i,t}+\alpha_5 LEV_{i,t}$$
$$+\alpha_6 Growth_{i,t}+\sum Industry+\sum Year+\varepsilon \tag{3.15}$$

$$SA_{i,t}=\alpha_0+\alpha_1 CSR_{i,t-1}+\alpha_2 e_k+\alpha_3 BM_{i,t}+\alpha_4 ROA_{i,t}+\alpha_5 LEV_{i,t}$$
$$+\alpha_6 Growth_{i,t}+\sum Industry+\sum Year+\varepsilon \tag{3.16}$$

二、CSR 行为缓解融资约束的渠道效应检验

股权融资和债务融资是企业融资的主要方式。已有研究认为，披露企业 CSR 信息的公司能够以较低的利率获得银行贷款（Ioannou and Serafeim，2014），也能降低企业的权益资本成本。也就是说，CSR 信息的披露可以同时通过股权和债务两个渠道缓解企业的融资困难。那么，当企业实施延续性 CSR 行为时，在缓解融资渠道效应上是否也会有所差异呢？借鉴 Dan 等（2010）的方法，我们考察延续性 CSR 行为与企业下一年股权融资和债务融资的关系。采用的模型如式（3.17）和式（3.18）所示，实证结果见表 3.8。

$$EQU_{i,t+1}=\alpha_0+\alpha_1 CSR_{i,t}+\alpha_2(e_0 \text{ or } dngo)+\alpha_3 LEV_{i,t}+\alpha_4 M/B_{i,t}$$
$$+\alpha_5 ROA_{i,t}+\alpha_6 Expenditure_{i,t}+\alpha_7 Cash_{i,t}+\sum Industry+\sum Year+\varepsilon \tag{3.17}$$

$$DEBT_{i,t+1}=\alpha_0+\alpha_1 CSR_{i,t}+\alpha_2(e_0 \text{ or } dngo)+\alpha_3 LEV_{i,t}+\alpha_4 M/B_{i,t}$$
$$+\alpha_5 ROA_{i,t}+\alpha_6 Expenditure_{i,t}+\alpha_7 Cash_{i,t}+\sum Industry+\sum Year+\varepsilon \tag{3.18}$$

其中，$EQU_{i,t+1}$ 和 $DEBT_{i,t+1}$ 为 i 企业 $t+1$ 年的融资金额；$EQU_{i,t+1}$ 为企业权益性融资获得的现金；$DEBT_{i,t+1}$ 为企业债务融资获得的现金；$CSR_{i,t}$ 为企业 t

年的 CSR 得分；M/B 为企业的市值面值比；ε 为残差项。常见的控制变量包括 $LEV_{i,t}$、$ROA_{i,t}$、Cash（现金流）和 Expenditure。

表 3.8　延续性 CSR 和非政府组织关联程度缓解融资约束的渠道效应检验结果

变量	股权融资			债务融资		
	（1）	（2）	（3）	（1）	（2）	（3）
	$EQU_{i,t}$	$EQU_{i,t}$	$EQU_{i,t}$	$DEBT_{i,t}$	$DEBT_{i,t}$	$DEBT_{i,t}$
CSR	11.94***	−8.333	13.22	0.055 6***	−0.026 7	0.029 9
	（4.45）	（−0.59）	（0.90）	（8.44）	（−0.66）	（0.71）
CSR × e_0	—	25.27*	—	—	0.135***	—
		（1.66）			（3.08）	
e_0	—	−5.681	—	—	−0.040 3***	—
		（−1.11）			（−2.74）	
dngo	—	—	8.676			−0.012 0
			（1.42）			（−0.69）
CSR × dngo	—	—	−13.23			0.037
			（−0.79）			（0.78）
M/B	−0.332	−0.416	0.086	−0.082	−0.001	−0.003
	（−0.77）	（−0.45）	（1.12）	（−0.78）	（−0.55）	（−0.16）
Cash	−4.919	−12.580*	−0.215	−0.025**	−0.071***	−0.002
	（−1.24）	（−1.68）	（−0.20）	（−2.53）	（−3.26）	（−0.78）
ROA	10.450	23.260	18.270	−0.089	0.049	0.052
	（1.10）	（1.22）	（0.71）	（−0.04）	（0.88）	（0.70）
LEV	0.089***	0.082	80.790***	0.011*	$3.86×10^{-5}$	−0.070**
	（3.41）	（1.62）	（3.07）	（1.75）	（0.26）	（−2.33）
Expenditure	25.390***	52.590***	−5.148	0.025	0.121***	0.238***
	（3.11）	（3.69）	（−0.49）	（1.23）	（2.92）	（3.17）
Year	已控制	已控制	已控制	已控制	已控制	已控制
Industry	已控制	已控制	已控制	已控制	已控制	已控制
截距项	7.070**	−2.179	−9.021	0.050***	0.009	0.077
	（2.14）	（−0.40）	（−1.37）	（6.20）	（0.59）	（0.04）
F	6.840	6.300	3.200	19.200	12.630	5.950
调整 R^2	0.058	0.054	0.052	0.610	0.111	0.110
N	1 613	743	321	1 613	743	321

*$p<0.1$、**$p<0.05$、***$p<0.01$；t 检验

表 3.8 的结果显示，交乘项 CSR × e_0 的系数为正值，且通过 1% 和 10% 的显著检验，表明 CSR 具有延续性的企业，股权融资与债务融资的情况均优于其他企业。也就是说，在股权融资市场上，CSR 延续性能够更好地吸引关注长期利益的责任性投资者，因而在权益性融资渠道上显现出更好的

缓解效应。同时，在债务融资市场上，CSR 延续性不但向债务融资市场显示了企业自身的偿债能力，还能使债务人更容易了解到企业使用资金的合理性和偿还承诺的可靠性，增加贷款资金的安全性，降低债务风险，从而比其他企业更容易获得债务融资。但交乘项 CSR×dngo 的系数均未通过显著性检验，反映出我国非政府组织的渠道作用并不明显。

三、CSR 行为缓解融资约束的时间效应检验

虽然积极型 CSR 对融资约束显现出较好的缓解效应，但其时间效应可以持续多久，又是否具有差异？本章继续对延续性 CSR 和非政府组织关联对融资约束缓解作用的时间效应进行检验。预期具有积极型 CSR 表现，能有更长效的融资约束缓解效应，即交乘项系数为正值，检验结果见表 3.9。

表 3.9　延续性 CSR 行为缓解融资约束的时间效应检验结果

变量	延续性组 SA		非政府组织关联组 SA	
	滞后 2 年组	滞后 3 年组	滞后 2 年组	滞后 3 年组
CSR	-0.441^{**}	-0.556^{*}	-0.691^{**}	0.044
	(-2.38)	(-1.81)	(-2.44)	(0.15)
$CSR \times e_0$	0.683^{***}	0.689^{**}		
	(3.40)	(2.13)		
e_0	-0.246^{***}	-0.156^{*}	—	—
	(-3.67)	(-1.71)		
dngo	—	—	-0.188^{**}	0.037
			(-2.17)	(0.31)
$CSR \times dngo$	—	—	0.788^{***}	-0.054
			(2.63)	(-0.16)
Size	0.544^{***}	0.544^{***}	0.585^{***}	0.581^{***}
	(56.69)	(44.60)	(39.01)	(31.33)
ROA	-1.278^{***}	-1.133^{***}	-1.496^{***}	-1.249^{*}
	(-4.88)	(-3.34)	(-3.10)	(-1.98)
LEV	-0.002^{***}	-0.002^{**}	-0.005^{***}	-0.005^{***}
	(-3.00)	(-2.32)	(-3.78)	(-3.14)
Growth	0.033	0.046	0.030	0.028
	(1.57)	(1.35)	(0.72)	(0.55)
TobinQ	0.069^{***}	0.064^{***}	0.074^{***}	0.015
	(3.96)	(2.73)	(3.06)	(0.72)

续表

| 变量 | 延续性组 | | 非政府组织关联组 | |
| | SA | | SA | |
	滞后 2 年组	滞后 3 年组	滞后 2 年组	滞后 3 年组
Industry	已控制	已控制	已控制	已控制
Year	已控制	已控制	已控制	已控制
截距项	-10.090^{***}	-9.588^{***}	-10.270^{***}	-10.290^{***}
	(-74.17)	(-47.19)	(-52.61)	(-44.50)
F	437.900	299.130	412.840	225.620
调整 R^2	0.938	0.937	0.935	0.933
N	524	340	230	147

$*p < 0.1$、$**p < 0.05$、$***p < 0.01$；t 检验

表 3.9 的结果显示，延续性组的样本公司无论是在滞后 2 年还是滞后 3 年的情况下，交乘项系数均为正值，且通过显著性检验。与之相对，非政府组织关联组的样本公司在滞后 2 年的情况下，交乘项系数为正值，且通过显著性检验，但滞后 3 年的情况未通过显著性检验。这表明 CSR 的延续性特征缓解融资约束的时间持续性更长久（约 3 年），与非政府组织关联特征产生的缓解效应在 2 年后开始消失。

四、CSR 行为缓解融资约束的行业效应检验

由于行业各具特点，各行业对 CSR 的诉求亦存在差异（如环境友好型行业与环境消耗型行业）。由于利益相关者的高度关注，相对于环境友好型行业（如高新技术类行业）来说，环境消耗型行业（如资源能源类行业）的社会责任压力更大。据此，CSR 行为对不同行业企业的融资约束缓解也应存在差异。本章以国家统计局《高技术产业统计分类目录的通知》[①]界定的产业为高新技术产业，以 WIND 数据库行业分类中界定的能源行业作为对标行业，分别得到符合条件的高新产业样本 137 个，能源行业样本 62 个，

① 2002 年 7 月国家统计局印发的《高技术产业统计分类目录的通知》（国统字〔2002〕33 号）中，中国高技术产业的统计范围包括核燃料加工、信息化学品制造、医药制造业、航空航天器制造、电子及通信设备制造业、电子计算机及办公设备制造业、医疗设备及仪器仪表制造业、公共软件服务等行业。

实证结果见表 3.10。

表 3.10　CSR 行为缓解融资约束的行业效应检验结果

变量	高新技术行业环境友好	能源行业环境消耗
	SA	SA
CSR	−0.104***	−0.143*
	（2.89）	（−1.91）
ROA	−0.503***	−0.631
	（−2.88）	（−1.41）
LEV	-2.14×10^{-4}	−0.006***
	（−0.41）	（−4.75）
Growth	−0.002	−0.093
	（−0.08）	（−1.49）
TobinQ	0.008	0.091**
	（1.52）	（2.50）
Size	0.419***	0.699***
	（51.72）	（58.68）
Age	−0.041***	−0.025***
	（−25.92）	（−5.33）
截距项	−7.709***	−11.720***
	（−81.96）	（−56.27）
F	155.670	1 077.750
调整 R^2	0.872	0.991
N	137	62

CSR 系数组间检验：

H_0：高新技术产业和传统能源的延续性 CSR 行为融资约束缓解效应相同

H_1：高新技术产业和传统能源的延续性 CSR 行为融资约束缓解效应不同

chi2（1）= 9.26，Prob > chi2 = 0.002 3

结论：拒绝 H_0，即两个行业的融资约束缓解效应显著不同

*$p < 0.1$、**$p < 0.05$、***$p < 0.01$；t 检验

表 3.10 的结果显示，CSR 项系数均为负值，且通过显著性检验，表明

两个行业均存在明显的融资约束缓解效应。同时，效应相同的原假设被拒绝，表明融资约束缓解效应在能源行业更加明显。究其原因，在利益相关者的眼中，能源行业的生产属于环境消耗型，因此，利益相关者对能源行业的社会责任关注度更高，如果该类企业能实施积极型的 CSR 行为，则 CSR 行为能够发挥出的融资约束缓解效用会更加明显。因此，资源能源类企业由于受环境约束更大，更应该注重持续采用优良的 CSR 战略，并广泛与利益相关者合作，实现绿色可持续发展。

五、稳健性与内生性检验

为保证前文研究结果的稳定性，本部分采用 Almeida 等（2004）的"现金−现金流敏感度"①替换前文的"SA 指数"来度量企业的融资约束程度。同时，本章还参考了何贤杰等（2012）的研究，引入 CSR 和 CSR × CF 的交乘项，为了降低结果的内生性，本章参考 Dan 等（2010，2012）的做法，使用滞后一年的 CSR 数据作为解释变量，模型如式（3.19）所示。表 3.11 的结果显示：第一，从总体样本上看，交乘项系数为负值，且在 1%水平上显著，这表明 CSR 战略显现出对企业融资约束的缓解作用；第二，从分组样本来看，具有延续性且与非政府组织关联紧密的样本，交乘项系数为负值，且在 10%水平上显著。这表明，实施延续性 CSR 战略且与非政府组织高关联均有助于缓解企业的融资约束。实证结果与前文基本一致，表明本章主要研究结论比较稳健。

$$\Delta \text{Cash}_{i,t} = \beta_0 + \beta_1 \text{CF}_{i,t} + \beta_2 \text{CSR}_{i,t-1} + \beta_3 \text{CSR}_{i,t-1} \times \text{CF}_{i,t}$$
$$+ \beta_4 \text{Size}_{i,t} + \beta_5 \text{Tobin} Q_{i,t} + \beta_6 \Delta \text{STD}_{i,t} + \beta_7 \Delta \text{NWC}_{i,t} \qquad (3.19)$$
$$+ \beta_8 \text{Expenditure}_{i,t} + \beta_9 \text{Industry} + \beta_{10} \text{Year} + \varepsilon$$

其中，$\text{CSR}_{i,t-1}$ 与 $\text{CF}_{i,t}$ 的交乘项系数 β_3 代表了 CSR 对融资约束的影响，如果这一交乘项的系数为负值且通过检验，则表明 CSR 有助于缓解企业融资约束。

---

① 相对于"投资−现金流敏感度"，"现金−现金流敏感度"能够揭示企业是否存在融资约束。现金对现金流正向敏感的企业存在融资约束，现金对现金流不敏感的企业不存在融资约束。在模型（3.19）中 $\text{CF}_{i,t}$ 的系数 β_1 为现金−现金流敏感度，该系数越大，表明企业对内部资金的依赖度越高，融资约束越严重。

表 3.11　CSR 延续性和非政府组织关联与融资约束的实证结果

变量	总体 ΔCash	延续性分组		非政府组织关联分组	
		优良稳定组	低劣稳定组	关联紧密	关联松散
CF	0.339***	0.456***	0.611***	0.767***	0.442***
	（7.39）	（3.40）	（3.05）	（3.90）	（3.82）
CSR	0.017	0.041*	0.119**	0.077**	0.129**
	（1.20）	（1.65）	（2.05）	（2.23）	（2.22）
CSR × CF	−0.368**	−0.653**	−1.027	−1.042***	−1.073*
	（−2.49）	（−2.49）	（−1.50）	（−2.86）	（−1.96）
Size	0.004***	0.003	0.007*	−0.002	−0.003
	（3.27）	（1.42）	（1.93）	（−0.63）	（−0.64）
TobinQ	0.002	0.008**	4.99×10^{-4}	−0.009	0.001
	（1.22）	（2.03）	（0.05）	（−0.95）	（0.26）
ΔSTD	0.038*	0.002	0.177**	0.065	0.041
	（1.75）	（0.05）	（2.53）	（0.78）	（0.73）
ΔNWC	−0.129***	−0.213***	−0.027	−0.254**	−0.138*
	（−5.24）	（−3.80）	（−0.32）	（−2.35）	（−1.78）
Expenditure	−0.202***	0.010	−0.304**	−0.088	−0.060
	（2.28）	（1.01）	（−2.40）	（−0.71）	（−0.59）
Year	已控制	已控制	已控制	已控制	已控制
Industry	已控制	已控制	已控制	已控制	已控制
截距项	−0.074***	−0.070*	−0.098	0.017	0.016
	（−3.38）	（−1.76）	（−1.41）	（0.24）	（0.20）
F	15.420	4.620	3.360	3.290	2.940
调整 R^2	0.145	0.169	0.255	0.230	0.160
N	1 613	339	125	147	174

*$p < 0.1$、**$p < 0.05$、***$p < 0.01$；t 检验

　　由于使用 BM 作为衡量信息不对称的变量有可能存在一定的争议，为了确保研究结论的稳健性，本章参考 Dan（2010，2012）的研究，引入了

分析师预测误差（FERROR）和分析师预测分歧度（DISPERSION）两个指标[①]针对 CSR 缓解融资约束的稳健性进行检验。由于具有 CSR 信号能够缓解企业的信息不对称程度，将有助于分析师对具有 CSR 特征的企业进行更为精准的预测，进而降低分析师之间预测的分歧。检验方程如式（3.20）～式（3.23）所示。

$$\text{DISPERSION}_{i,t}=\alpha_0+\alpha_1\text{CSR}_{i,t-1}+\alpha_2\text{Size}_{i,t}+\alpha_3\text{Num}_{i,t} \\ +\alpha_4\text{UE}_{i,t}+\alpha_5\text{Horizon}_{i,t}+\alpha_6\text{Transp}_{i,t}+\varepsilon \tag{3.20}$$

$$\text{DISPERSION}_{i,t}=\alpha_0+\alpha_1\text{CSR}+\alpha_2e_0+\alpha_3e_0\times\text{CSR}+\alpha_4\text{Size}_{i,t} \\ +\alpha_5\text{Num}_{i,t}+\alpha_6\text{UE}_{i,t}+\alpha_7\text{Horizon}_{i,t}+\alpha_8\text{Transp}_{i,t}+\varepsilon \tag{3.21}$$

$$\text{FERROR}_{i,t}=\alpha_0+\alpha_1\text{CSR}_{i,t-1}+\alpha_2\text{Size}_{i,t}+\alpha_3\text{Num}_{i,t} \\ +\alpha_4\text{UE}_{i,t}+\alpha_5\text{Horizon}_{i,t}+\alpha_6\text{Transp}_{i,t}+\varepsilon \tag{3.22}$$

$$\text{FERROR}_{i,t}=\alpha_0+\alpha_1\text{CSR}+\alpha_2e_0+\alpha_3e_0\times\text{CSR}+\alpha_4\text{Size}_{i,t}+\alpha_5\text{Num}_{i,t} \\ +\alpha_6\text{UE}_{i,t}+\alpha_7\text{Horizon}_{i,t}+\alpha_8\text{Transp}_{i,t}+\varepsilon \tag{3.23}$$

其中，Size 为企业总资产的自然对数；Num 为关注的分析师个数的自然对数；UE 为企业当年的 EPS 与上一年的 EPS 之差的绝对值除以上一年的 EPS 的绝对值；Horizon 为分析师预测时间与企业发布报告所隔天数的自然对数；Transp 代表企业财务透明度；e_0 为分组变量。

表 3.12 的检验结果显示，分析师对 CSR 战略具有延续性特征的企业预测分歧更小，同时，对具有延续性特征的 CSR 战略企业的预测误差更小。以上结论均表明：CSR 的延续性特征传递了有效信号，缓解了信息不对称。

表 3.12　CSR 延续性作用机理的稳健性检验结果

变量	（1）DISPERSION	（2）DISPERSION	（3）FERROR	（4）FERROR
CSR	0.023[***]	0.025[***]	−0.032	−0.004
	（3.41）	（3.72）	（−1.05）	（−0.13）

---

① FERROR 代表分析师对企业净利润预测的误差，该值越小代表分析师预测越精确；DISPERSION 代表分析师对企业净利润预测的分歧度，该值越小代表分析师对企业利润预测越一致。

续表

变量	（1）DISPERSION	（2）DISPERSION	（3）FERROR	（4）FERROR
e_0	—	0.022^{**}	—	0.259^{***}
		（2.07）		（5.18）
$CSR \times e_0$	—	-0.074^{**}	—	-0.751^{***}
		（−2.04）		（−4.47）
Size	$9.98 \times 10^{-3***}$	$9.89 \times 10^{-3***}$	0.005	0.003
	（12.16）	（12.04）	（1.17）	（0.87）
Num	−0.001	−0.001	−0.006	−0.006
	（−1.25）	（−1.27）	（−1.25）	（−1.23）
UE	3.56×10^{-5}	3.55×10^{-5}	0.002^{***}	0.002^{***}
	（0.26）	（0.26）	（3.23）	（3.29）
Transp	−0.020	−0.021	0.038	0.025
	（−1.22）	（−1.28）	（0.50）	（0.33）
Horizon	2.68×10^{-4}	2.15×10^{-4}	−0.003	−0.003
	（0.43）	（0.34）	（−0.94）	（−1.13）
截距项	-0.133^{***}	-0.132^{***}	0.002	0.007
	（−12.25）	（−12.19）	（0.04）	（0.14）
调整_R^2	0.170	0.172	0.007	0.020
F	44.850	34.370	2.390	5.360
N	1 284	1 284	1 284	1 284

$**p < 0.05$、$***p < 0.01$；t 检验

　　进一步地，本章将 FERROR 和 DISPERSION 作为 CSR 影响企业融资约束的中介变量，使用 Bootstrap 方法检验其中介效应。表 3.12 的结果表明，FERROR 与 DISPERSION 的中介效应均显著存在，Bootstrap 检验的置信区间分别为（0.004 4，0.014 1）和（0.270 9，0.680 9）。

　　表 3.13 是加入非政府组织作为调节变量的 Bootstrap 检验结果，FERROR 与 DISPERSION 的中介效应依然存在，Bootstrap 检验的置信区间

分别为（0.001 1，0.010 0）和（0.187 3，1.156 7）。表 3.14 是 CSR 影响融资约束机理的中介效应 Bootstrap 检验结果，置信区间分别为（0.047 3，0.116 2）和（0.268 0，0.503 8）。综上可知，分析师预测的稳健性检验证实了前文关于 CSR 通过降低企业信息不对称程度影响融资约束的机理研究，前文关于 CSR 机理的实证结果是稳健的。

表 3.13　CSR 延续性作用机理的中介效应稳健性检验结果

Model = 4
　　 Y = SA
　　 X = CSR
　　 M1 = FERROR
　　 M2 = DISPERSION
Sample size：1 284

		X 对 Y 的直接效应			
Effect	SE	t	p	LLCI	ULCI
1.791 5	0.107 8	16.617 8	0	1.580 0	2.003 0

	X 对 Y 的间接效应			
	Effect	Boot SE	BootLLCI	BootULCI
TOTAL	0.448 0	0.119 8	0.285 2	0.677 2
FERROR	0.008 6	0.004 7	0.004 4	0.014 1
DISPERSION	0.439 5	0.121 1	0.270 9	0.680 9

Model = 4
　　 Y = SA
　　 X = CSR
　　 M1 = FERROR
　　 M2 = DISPERSION
Statistical Controls：
CONTROL=NGO
Sample size：261

		X 对 Y 的直接效应			
Effect	SE	t	p	LLCI	ULCI
0.855 3	0.244 2	3.502 6	0.000 5	0.374 4	1.336 1

	X 对 Y 的间接效应			
	Effect	Boot SE	BootLLCI	BootULCI
TOTAL	0.624 4	0.240 9	0.188 0	1.159 2
FERROR	0.004 4	0.003 4	0.001 1	0.010 0
DISPERSION	0.620 0	0.240 6	0.187 3	1.156 7

表 3.14　CSR 影响融资约束的中介效应 Bootstrap 检验结果

Model = 4
Y = SA
X = CSR
M1 = Turnover
M2 = Expenditure
M3 = BM
Sample size：1 613

X 对 Y 的直接效应					
Effect	SE	t	p	LLCI	ULCI
1.809 3	0.091 7	19.722 1	0.000 0	1.629 4	1.989 3

X 对 Y 的间接效应				
	Effect	Boot SE	BootLLCI	BootULCI
TOTAL	0.451 3	0.065 1	0.334 8	0.590 0
Turnover	−0.002 0	0.004 6	−0.015 6	0.004 5
Expenditure	0.080 4	0.017 5	0.047 3	0.116 2
BM	0.373 0	0.060 4	0.268 0	0.503 8

企业的 CSR 表现与其融资约束之间可能存在一定的内生性[①]，本章采用三种方式来减轻或避免可能出现的内生性问题。第一，采用变量时期滞后的方法。在研究中将融资相关变量滞后一期，可以在一定程度上减轻内生性问题。第二，在总体样本中选取子样本和分行业进行检验，实证结果基本一致，也可以证明研究的内生性问题较轻。第三，进行内生性检验。借鉴 Dan 等（2010，2012）的研究，构建 Heckman 两阶段模型进行内生性检验。第一阶段采用式（3.24）并生成相应的逆米尔斯比率（Inverse Mills ratio）；第二阶段将生成的逆米尔斯比率代入模型重新检验。从表 3.15 的结果来看，CSR 项系数为正值，且在 5% 的水平上显著，表明通过内生性检验，本章的研究结论基本可靠。

$$DCSR_{i,t-1} = \alpha_0 + \alpha_1 Size_{i,t} + \alpha_2 ROA_{i,t} + \alpha_3 LEV_{i,t} \\ + \alpha_4 Growth_{i,t} + \alpha_5 TobinQ_{i,t} + \varepsilon \tag{3.24}$$

其中，DCSR 为虚拟变量，如果企业在上一年发布了 CSR 报告，则该值为 1，若企业未发布 CSR 报告，则该值为 0。

---

① CSR 是非强制性的，故融资约束较低的企业由于资金实力充足，则可能有更多的财力去履行 CSR；反之，融资约束较高的公司，由于资金实力的限制，可能出现"心有余而力不足"的情况。

表 3.15　Heckman 两阶段模型回归结果

变量	融资约束 SA
CSR	0.108**
	（2.13）
Size	−0.257***
	（−37.41）
ROA	0.345**
	（1.99）
LEV	-7.45×10^{-6}
	（−0.02）
Growth	−0.016
	（−0.88）
TobinQ	0.002
	（0.23）
Inverse Mills ratio	−0.021
	（−1.47）
截距项	3.830***
	（40.54）
F	281.080
调整 R^2	0.549
N	1 613

$p < 0.05$、*$p < 0.01$；t 检验

第五节　本 章 小 结

本章从 CSR 表现延续性和非政府组织关联两个角度，研究了积极型社会责任战略缓解企业融资约束的效用和机理，并利用 2009~2013 年的上市公司数据进行了验证。研究表明，积极型 CSR 战略通过减少信息不对称和降低代理成本，能更好地发挥缓解企业融资约束的作用。延续性特征主要是通过降低代理成本缓解融资约束。与非政府组织关联紧密而缓解融资约束作用的作用机制是减少信息不对称。具有以上两类特征的企业均属于积

极型 CSR 战略实施者，因此该类企业将比其他企业面临更低的融资约束。更进一步，CSR 缓解融资约束还具有渠道效应、时间效应和行业效应。实施积极型 CSR 战略的企业能在股权和债务渠道上显现出更好的融资效果，具有更长久的时效性，并且 CSR 战略缓解融资约束的效果在环境约束型行业中更加明显。

本章相关研究的主要启示在于：第一，CSR 战略的确能为企业带来长期价值。并且企业实施积极型 CSR 战略所能产生的正向效应更加显著。因此，强调企业在履行 CSR 时应主动将 CSR 战略纳入企业的可持续发展战略框架之中，并将保证 CSR 战略的实施质量放在首位，而不是被动地达到 CSR 标准。

第二，非政府组织是企业实施 CSR 战略的重要合作伙伴，企业应主动将非政府组织纳入企业 CSR 战略框架，助力企业更好地实现可持续发展。

第三，实施 CSR 战略产生的融资缓解效应具有时效性，企业应该重点保证 CSR 战略的持续性，以不断获得可支撑企业持续发展的金融资源。

第四，考虑到利益相关者的关注和影响，资源能源型（环境约束型）企业更应注重实施主动 CSR 战略，实现企业的可持续发展。

第四章 非政府组织参与 CSR 建设对企业系统性风险敏感度的影响研究

本章概要：基于企业行为特征影响系统性风险敏感度的基本思路，本章着重研究企业责任行为对企业系统性风险敏感度的影响和机理，并进一步研究非政府组织参与时对上述关系的影响和机理，同时采用 2009~2013 年中国上市公司的相关数据进行实证检验。研究发现：①企业履行 CSR 的水平越高，其系统性风险敏感度越低；②通过非政府组织合作来履行 CSR 的企业，有助于进一步降低企业的系统性风险敏感度；③在其他条件不变的情况下，低市值企业的 CSR 行为对降低系统性风险敏感度的作用，相对于高市值企业来说更加明显。

风险管理在企业运营中具有重要地位，可以视为直接体现和影响企业绩效的重要指标之一。在股票市场上，风险可以分为系统性风险与非系统性风险。根据资产组合理论，非系统性风险是指对个别企业股票的风险，可以通过多样化的投资来进行分散。而系统性风险是无法完全消除的，因此，对企业股东而言，需要更加重视企业的系统性风险，如何降低企业对系统性风险的敏感度也就成为一个重要的研究领域。Beaver 等（1970）的研究指出，影响企业系统性风险的企业基本特征可以体现在总资产增长、股利支付率、盈利变动性和财务杠杆等会计变量上，Coles 等（2006）发现薪酬水平、研发支出等也都与企业承担的风险相关，这些因素可能使企业需要通过制定一系列的发展战略来降低自身的系统性风险敏感度。吴世农等（1999）的研究同样指出，通过影响股价波动从而影响股票系统性风险的因素主要有宏观经济因素、行业因素、企业基本特征、战争及政治因素、心理预期。这表示影响企业系统性风险的因素与企业管理行为有较强的内在关系。

随着国民经济的发展与人们物质生活水平的提高，企业作为社会系统的一员，不止是以营利为目的的经济组织，更被认为是需要承担社会责任的行为主体。CSR 的相关问题逐渐成为人类社会关注的热点，社会各个领域的专家学者开始从不同层面对 CSR 的相关命题进行讨论与研究。从国内外对 CSR 研究的现有成果来看，研究内容主要集中在企业 CSR 履行水平与财务绩效关系方面，主要围绕企业的 CSR 行为是通过何种机制影响企业的财务绩效进行研究。大量研究已证实，企业的 CSR 行为与财务绩效关系显著，反映了企业的 CSR 行为在企业管理中重要的影响作用，但 CSR 作用依然存在争论。特别是关于企业的 CSR 行为通过何种机制对企业发生影响作用，依然是值得深入研究的命题。相对于企业 CSR 行为与企业财务绩效之间关系的研究，学术界对企业 CSR 行为对企业风险的影响方面较少探讨。有学者甚至认为企业的业绩等同于企业面临的风险。然而，由于信息不对称等原因，市场通常难以对企业面临的风险给予准确评价。企业财务绩效的变动，可能是因为业绩，也可能是因为风险，了解哪种因素使企业价值发生了变化对投资者具有重要意义。因此，从风险角度研究企业 CSR 行为的作用更有意义。但对企业履行 CSR 对企业深层次的作用并未进行拓展。而风险作为影响企业管理的重要因素之一，其与 CSR 战略的作用机理也有待进一步探究。

第一节　文献回顾与理论分析

一、相关文献评述

围绕企业风险的相关研究主要集中在如何识别和度量风险、如何规避和分散风险及若干影响风险的重要因素等方面。最初，学者主要研究风险的度量方式，基于 Markowitz 的资产组合理论，在 Sharp、Mossin 等学者的资本资产定价模型（capital asset price model，CAPM）中贝塔（Beta，即 β）系数则被认为是投资组合对系统性风险的敏感程度（Mossin，1966）。在接下来的研究中，学者进行了关于上市公司股票 β 值稳定性的检验。有学者采用统计学上的分析方法进行了稳定性检验，验证了 β 值的不稳定性（Blumemarshall，2006）。而 Farrell（1997）则更进一步指出：股票 β 值的不稳定性并不令人惊异，企业的基本因素随时间的变化必然会导致股价的变动，从而影响 β 值。因此，差异性分析能在一定程度上解释 β 值的不稳定性，更有利于准确预测 β 值。国内方面，程德兴（1998）直接将企业的系统性风险 β 定义为事物未来发展的不确定性，结果可以体现为风险收益或是风险损失。关于企业系统性风险敏感度 β 的影响因素，也有大量学者进行了研究。Beaver 等（1970）最早从公司的基本特征入手研究企业系统性风险 β 的影响因素。他们将公司的基本特征细分为股利支付率、总资产增长率、财务杠杆、流动比率、规模、盈利变动性与会计 β 系数。结果发现，系统性风险与盈利变动性、股利支付率、财务杠杆和 β 系数这四个变量一致且显著相关。这成为业界首次研究会计变量与企业系统性风险的成果。Acharya 等（2011）研究了企业财务结构对股票系统性风险的影响作用，研究表明公司的财务杠杆与企业股票 β 值呈正相关关系。Coles 等（2006）进一步发现薪酬水平与股价波动的关联度越大，企业承担的风险就越多，风险具体体现为较多的研发投资、较少的资本支出与较高的财务杠杆。John 等（2008）使用来自 39 个国家的国家层面和公司层面的风险变量研究发现，投资者权益保护和销售增长率与企业风险均呈正相关关系。Acharya 等（2013）发现债权人权益保护与企业风险投资之间存在显著的负相关关系，债权人权益保护力度越强的地区，企业进行分散化并购就越多，资产低回收率的企业并购资产高回收率的企业。国内的相关研究起步较晚，直至 20 世纪 90 年代，学术界才逐渐开始将系统性风险敏感度与内部控制相联系。从国内外的研究成果来看，主要有两个研究方向：一是从时间上进行研究，对上市公司股票 β 值的相关性与稳定性进行研究分析和检验；二是对影响上市公司股票系统性风险的因素进行研究，即研究不同特征股票 β 值的差异。部分专家学者对 β 值的影响因素进行了相应研究。其中，吴世农等（1999）提出，研究企业 β 值的影响因素有重要的理论价值和现实意义：一方面，它揭示和确认了影响企业系统性风险的因素、影响方式与影响程度；另一方面，它为投资者分析、预测与防范控制系统性风险提供科学的理论依据和分析方法。姜虹（2006）针对非金融类企业，对集成风险管理进行了更深入的研究，以经济学、管理学理论为支撑，提出集成风险管理可以以企业的管理控制系统为运行载体，以财务、技术和人文为导向，构建机构化的、网络化的风险管理系统，以达到企业的整体战略目标。赵龙凯等（2014）将资产收益率标准差作为企业风险度量，探索了出资国文化特征与合资企业风险之间的关系，得到了对行为金融理论很好的实证结果。上述文献都反映了企业系统性风险 β 与企业内部管理直接或间接的联系，指出了识别与控制企业系统性风险对企业的重要性。

综上所述，如何降低企业的系统性风险敏感度是一个具有很强现实意义的研究热点，已有大量研究表明企业履行 CSR 行为的重要性。现有研究成果主要集中在关于企业履行 CSR 的水平与企业财务绩效关系方面。风险敏感度是企业经营管理的重要因素之一，但研究 CSR 究竟会对企业的系统性风险敏感度产生什么影响的相关讨论还较少见。因此，本章以信号传递理论为基础，探索企业的 CSR 行为对企业系统性风险敏感度（β 值）的影响及产生机制，研究成果可以为 CSR 影响企业和风险管理两个领域的已有成果提供补充。

二、理论分析与研究假设

本章认为，企业实施社会责任战略可以降低企业的系统性风险敏感度，同时，将非政府组织引入同一框架中，进一步研究它在其中发挥的作用及机理，如图 4.1 所示。

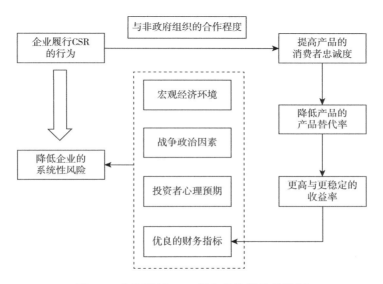

图 4.1　企业履行 CSR 行为的作用传导机制

基于信号传递理论，将 CSR 信息视为一种公开信号，企业通过披露 CSR 信息，能够向消费者与投资者传递相关信号，通过影响消费者忠诚度而产生作用，进而达到降低企业系统性风险的效果。贾生华等（2003）认为，任何一个企业的发展都离不开各种利益相关者的投入或参与，他们都对企业的生存和发展注入了一定的专用性投资，并承担由此带来的风险。从消费者的角度看，Marin 和 Ruiz（2008）指出，企业从事社会责任活动可以增强消费者的忠诚度。欧平等（2011）在此基础上分析了 CSR 行为对消费者决策过程的不同阶段均具有的影响作用。Ailawadi 等（2014）进一步发现，消费者更愿意购买与社会责任内在活动相关的产品。也就是说，作为企业重要的利益相关方，消费者作为企业的核心利益相关方之一，会因为企业是否履行 CSR 行为，而实施不同的消费行为，CSR 行为可以提高企业产品的消费者忠诚度。袁诚（2002）指出，商品的价格需求弹性可以作为描述产品替代关系的指标，而消费者选择产品的概率与产品替代是消费者行为的具体体现。较低的企业产品替代率代表着较高的消费者忠诚度和稳定的收益率。也就是说，可以理解为产品替代率低可以使企业有较为稳定的收益率。企业优良的财务绩效会通过企业的信息披露形成一个信号，作用到股票投资市场，影响投资者的投资决策，从而作用到企业的系统性风险。早期 Brave 等（1972）就曾提出影响企业系统性风险的企业基本特征可以体现在总资产增长、股利支付率、盈利变动性、财务杠杆等会计变量上。国内方面，吴世农等（1999）指出，影响股票系统性风险的因素主要有宏观经济因素、行业因素、企业基本特征、战争及政治因素、心理预期。张宗新和朱伟骅（2010）指出，由于行业、规模等因素的不同，股票市场内不同上市公司的系统性风险差异很大。

不同性质的企业，往往会选择不一样的 CSR 行为战略。Salaman（1984）提出，企业与非政府组织的合作可以提高企业的品牌效应。杨家宁和陈健民（2010a）从非政府组织作用的角度提出，尽管缺乏制度性的保障，但非政府组织是可以推动 CSR 活动的。非政府组织是否能调节 CSR 行为对企业系统性风险的作用，值得探究。本章认为，企业实施社会责任战略可以降低企业的系统性风险敏感度，且非政府组织在其中起促进作用。我们认为，企业与非政府组织合作对降低企业系统性风险敏感度的作用影响可能体现在两个方面：一方面，企业积极与行业协会、红十字会、消费者保护协会等非政府组织合作，以提升其行业地位与公众形象，形成品牌效应，拥有更高消费者忠诚度的群体可以降低企业系统性风险敏感度。另一方面，企业与非政府组织合作，会成为股票市场上社会责任投资者关注的一个信号，通过这个非财务信号，投资者可以对企业价值进行更全面的评估，增加投资可能性，提高企业价值预期，降低企业系统性风险敏感度。更进一步，本章还考虑不同市值的企业，其 CSR 行为对企业系统性风险敏感度的影响和差别。

综上分析，我们提出本章的主要研究假设。

假设 4.1：企业实施 CSR 行为水平高可以降低企业的系统性风险。

假设 4.2：企业与非政府组织合作可以促进企业履行 CSR 行为对企业系统性风险的作用。

假设 4.3：在其他条件不变的情况下，市值较高的企业履行 CSR 行为对企业系统性风险作用较弱。

第二节　样本描述与实证研究

一、变量定义

1）被解释变量

系统性风险敏感度（Beta）：用资本资产定价模型中的 β 值度量企业的系统性风险。这个观念来源于资产组合理论，在资本资产定价模型中，β 系数可以表述为

$$E(R_i) = R_f + \beta_i \left[E(R_m) - R_f \right] \quad (4.1)$$

$$\text{Beta}_i(\beta_i) = \frac{\text{Cov}(R_i, R_m)}{\text{Var}(R_m)} \quad (4.2)$$

其中，R_i 为企业 i 的资产收益率；R_f 为无风险收益率；R_m 为市场组合 M 的回报；$\text{Beta}_i(\beta_i)$ 为企业 i 的系统性风险敏感度。

CSR 行为能够降低企业的系统性风险敏感度主要在于式（4.2）中协方差 $\text{Cov}(R_i, R_m)$ 的下降。需要指出的是，资本资产定价模型本身是建立在一系列关于投资者行为假设和完全市场假设基础之上的均衡模型，是无法直接进行检验的。企业的 CSR 行为能够对企业系统性风险敏感度有影响主要

体现在对 R_i 的影响上。通过总结相关参考文献，我们可以得出企业通过实施 CSR 行为，提高消费者忠诚度，可以拥有较低的产品替代率，以及较为稳定的利润收入，作用到企业 i 的资产回报率上，影响 $Cov(R_i, R_m)$，从而使企业 i 的系统性风险敏感度 β_i 有可能降低。因此，本章采用 Beta 作为企业系统性风险敏感度的度量指标。

2）解释变量

企业履行 CSR 的水平（变量设定为 CSR）：通过第三方评级机构——RKS 对上市公司发布的 CSR 报告进行评级，得分反映企业履行 CSR 行为水平的高低。RKS 是我国社会责任权威的第三方评级机构，为社会责任投资者、社会责任消费者及社会公众提供客观科学的 CSR 评级信息。

3）虚拟变量：DUM

（1）企业与非政府组织的合作程度（DUM1=NGO）：反映企业与非政府组织的合作情况。由于国内现有的反映企业与非政府组织合作情况的具体数据无法直接获得，本章运用内容分析法，通过对 CSR 报告中有关企业与非政府组织合作情况描述的特定关键词手工进行频数统计，对信息实体做精确的量化表述，用于反映企业与非政府组织的合作程度。在此次对企业与非政府组织合作程度的打分过程中，共取得 585 个关于企业与非政府组织合作情况描述的有效样本。

（2）企业股票市值（企业股票市值 MA 高低用 DUM2 表示）：通过数据库查找 2009~2014 年上市公司个股的年市值，算出平均值进行排序，设最高的 25%为高市值，最低的 25%为低市值。本书将其设置为虚拟变量，高市值为 1，低市值为 0。

4）控制变量

在进行控制变量的度量指标选择时，本章主要考虑两个问题：一是 CSR 行为与其他变量之间是否存在直接关系；二是数据的可得性与可靠性。本章研究的是发布了 CSR 报告的上市公司，因而选取以下控制变量来控制企业差异引发的变化。

企业规模（Size）：参考吴世农和韦绍永（1998）的研究，企业规模对企业风险有显著作用，但这仍取决于风险指标的选择。从企业经营风险来看，企业规模越大，越容易获取资源，越有竞争力，经营也就越稳定。但企业规模对企业系统性风险敏感度的影响仍有不确定性。本章用总资产的自然对数来度量企业规模。

现金流（Cash）：现金流可以反映企业短期的偿债能力。啜华和王月（2013）指出偿债能力是反映企业财务能力的重要指标，对企业与债权人都有重要意义。

财务杠杆（TD）：财务杠杆对企业的财务风险具有显著作用，大多数研究认为财务杠杆越大，即负债比率越大，企业财务困境成本和破产成本越高，企业的财务风险越大。尚立伟（2010）提出，财务杠杆是企业利用负债来调节权益资本收益的手段，其对企业的现实效应值得研究。

资产收益率（ROA）：经营利润的增加意味着企业价值的增加。李楠和王阳帅（2014）对企业的资产收益率、股东收益与股票价值进行了相关性研究。

资本性输出（CAPEX）：资本性输出增加反映企业的盈亏平衡点越高，相应的安全边际就越小。汪祖杰（2001）进行了企业的资本性输出会产生相应的资本性输出政策性风险的研究。

市值面值比（M/B）：企业的市值面值比会随着企业盈利与股票市场的不同经济周期而波动。

变量定义见表 4.1。

表 4.1　变量定义一览表

变量类型	变量名称	变量符号	变量定义
被解释变量	系统性风险敏感度	Beta	等于企业的系统性风险敏感度
解释变量	企业履行 CSR 的水平	CSR	等于 RKS 对 CSR 报告的评级得分的自然对数
虚拟变量	企业股票市值	MA	等于上市公司股票的市场价值，设最高的 25% 为高市值，最低的 25% 为低市值。本书将其设置为虚拟变量，高市值为 1，低市值为 0
	企业与非政府组织的合作程度	NGO	使用内容分析法对企业 CSR 报告中关于非政府组织关键词的数量进行频数统计，反映企业与非政府组织的合作程度。本书将其设置为虚拟变量，与非政府组织合作为 1，没有合作为 0

续表

变量类型	变量名称	变量符号	变量定义
控制变量	企业规模	Size	等于企业年末总资产的自然对数
	现金流	Cash	等于企业通过一定经济活动而产生的现金流入
	财务杠杆	TD	等于普通股每股收益变动率比息税前利润的变动率
	资产收益率	ROA	等于净利润除以总资产的比值
	资本性输出	CAPEX	等于企业的战略型投资加上企业滚动型投资
	市值面值比	M/B	等于股票的市场金额与股票票面价值的比值

二、样本与数据来源

由于我国对企业 CSR 重视不足，沪深上市公司均从 2009 年开始发布 CSR 报告，所以我们选取 2009~2013 年发布了 CSR 报告的上市公司作为初始研究样本，其中，2009 年发布 CSR 报告的企业有 335 家，2010 年有 471 家，2011 年有 518 家，2012 年有 582 家，2013 年有 644 家。以上述样本为依据，并根据以下原则进行剔除：①剔除金融行业的公司样本；②剔除 ST（special treatment，特殊处理）公司样本；③剔除已经退市的公司样本；④剔除财务数据不全的公司样本。经过上述剔除后，我们获得 2009~2013 年上市公司共计 1 571 个观测值。企业财务方面的数据来自国泰安 CSMAR 数据库与 WIND 数据库，CSR 评级得分数据来自 RKS，样本数据处理和分析采用 Excel 软件与 Stata 12.0 软件。RKS 是中国 CSR 权威的第三方评级机构，该评级主要反映上市公司 CSR 报告的披露质量。样本的描述性统计如表 4.2 所示。

表 4.2　样本的描述性统计

变量名称	变量代码	样本数	中位数	标准差	最小值	最大值
系统性风险敏感度	Beta	1 571	0.971	0.219	0.126	1.502
企业履行 CSR 的水平	CSR	1 571	0.300	0.165	0.022 7	0.970
企业规模	Size	1 571	13.610	1.464	10.330	19.190
财务杠杆	TD	1 571	1.589	3.254	−16.520	69.850
市值面值比	M/B	1 571	1.861	1.157	0.197	15.110

续表

变量名称	变量代码	样本数	中位数	标准差	最小值	最大值
现金流	Cash	1 571	0.156	0.117	0	0.754
资产收益率	ROA	1 571	0.051	0.053	−0.315	0.381
资本性输出	CAPEX	1 571	0.068	0.054	0	0.399

由表 4.2 可以看出，无论是企业履行 CSR 的水平还是系统性风险敏感度，它们的偏离程度要远小于企业规模、财务杠杆、市值面值比等反映企业情况的财务指标，而企业的资产收益率与资本性输出的偏离程度则比企业履行 CSR 的水平和系统性风险敏感度还要小。总体样本的相关性检验如表 4.3 所示。

表 4.3　总体样本的相关性检验

变量	Beta	CSR	Size	TD	M/B	Cash	ROA	CAPEX
Beta	1							
CSR	−0.266***	1						
Size	−0.430***	0.500***	1					
TD	−0.006	0.003	0.006	1				
M/B	0.077**	−0.185**	−0.424***	−0.073**	1			
Cash	0.040	−0.051*	−0.243***	−0.111***	0.289***	1		
ROA	−0.164***	0.026	−0.025	−0.123***	0.381***	0.326***	1	
CAPEX	−0.033	0.086***	0.108***	−0.010	−0.066**	−0.184***	0.014	1

$*p < 0.1$、$**p < 0.05$、$***p < 0.01$；t 检验

第三节　实证检验与结果分析

一、企业履行 CSR 的水平与系统性风险敏感度

根据以上假设和变量定义，为验证关于假设 4.1 中企业履行 CSR 的水

平与系统性风险敏感度的关系，建立的数据模型如下：

$$\text{Beta}_{i,t}=\beta_{0i}+\beta_{1i}\text{CSR}_{i,t}+\beta_{2i}\text{Size}_{i,t}+\beta_{3i}\text{TD}_{i,t}+\beta_{4i}\text{M/B}_{i,t}+\beta_{5i}\text{Cash}_{i,t}+\beta_{6i}\text{ROA}_{i,t}+\mu_{i,t}$$

（4.3）

其中，被解释变量为企业的系统性风险敏感度；μ_{it} 为随机扰动项。回归结果见表4.4。

表 4.4　企业履行 CSR 的水平与系统性风险敏感度回归结果

指标名称	指标代码	Beta 系数
企业履行 CSR 的水平	CSR	-0.104^{***}
		（-3.03）
企业规模	Size	-0.056^{***}
		（-13.05）
财务杠杆	TD	-0.002
		（-1.04）
市值面值比	M/B	-0.009^{*}
		（-1.72）
现金流	Cash	-0.009
		（-0.19）
资产收益率	ROA	-0.777^{***}
		（-7.23）
资本性输出	CAPEX	0.094
		（0.99）
常数	截距项	1.817^{***}
		（30.05）
	N	1 571

$*p<0.1$、$**p<0.05$、$***p<0.01$；t 检验

实证结果显示，企业履行 CSR 的水平与企业的系统性风险敏感度呈显著负相关关系，这表示较高水平的 CSR 行为降低了企业的系统性风险敏感度。由此，验证了假设 4.1。

另外，企业规模、市值面值比、资产收益率与系统性风险敏感度也都呈显著负相关关系；企业的资本性输出与系统性风险敏感度呈正相关关系，但结果不显著。企业规模也是显著影响企业系统性风险敏感度的指标之一，这与 Beaver 等（1970）的研究结果一致，规模较大的企业拥有更稳定的利润收入，更能吸引投资者，在股票市场上风险更低。与企业的系统性风险

敏感度呈显著负相关关系的还有企业的市值面值比，这与 Chen 等（2011）证实的运营杠杆决定横截面收益的结论一致。资产收益率是与系统性风险敏感度呈显著负相关关系的控制变量，反映了企业经营利润率增加可以显著降低企业的系统性风险敏感度。

二、非政府组织参与时企业履行 CSR 的水平与系统性风险敏感度

非政府组织的价值在市场失灵与政府失灵时体现充分。本章沿用上章打分，我们认为，若企业与非政府组织合作较紧密，那么在 CSR 报告中披露的信息就会比较详细且丰富。例如，企业与非政府组织相互参与了对方的活动，在报告中就会披露相关的信息，以发送正面信号。因此，借鉴内容分析法的思路，通过对 CSR 报告中有关企业与非政府组织合作情况描述的特定关键词进行频数统计，用于反映企业与非政府组织的合作程度。沿用上章打分的方法和思路，去掉数据缺失、报告缺失等问题样本，共得到 585 个样本打分。

为验证非政府组织参与 CSR 活动的影响，本章将企业与非政府组织合作程度设为虚拟变量，有参与非政府组织活动为 1，无参与非政府组织活动为 0，建立的数据模型如下：

$$\text{Beta}_{i,t} = \beta_{0i} + \beta_{1i}\text{CSR}_{i,t} + \beta_{2i}\text{Size}_{i,t} + \beta_{3i}\text{TD}_{i,t} + \beta_{4i}\text{M/B}_{i,t} + \beta_{5i}\text{Cash}_{i,t} \\ + \beta_{6i}\text{ROA}_{i,t} + \text{NGO} + \text{CSR}_{i,t} \times \text{NGO} + \mu_{i,t} \tag{4.4}$$

实证结果如表 4.5 所示。

表 4.5　非政府组织参与时企业履行 CSR 的水平与系统性风险敏感度

指标名称	指标代码	Beta 系数
企业履行 CSR 的水平	CSR	-0.027
		（-0.44）
企业与非政府组织合作程度	NGO	$6.75 \times 10^{-4*}$
		（1.95）
CSR 与非政府组织交乘项	NGO × CSR	-0.093^{*}
		（-1.86）
企业规模	Size	-0.065^{***}
		（-10.20）

续表

指标名称	指标代码	Beta 系数
财务杠杆	TD	−0.004
		(−1.07)
市值面值比	M/B	−0.030***
		(−3.65)
现金流	Cash	−9.58 × 10⁻³
		(−0.12)
资产收益率	ROA	−0.441**
		(−2.43)
资本性输出	CAPEX	0.238
		(1.39)
常数	截距项	1.938***
		(21.02)
	N	585

*$p < 0.1$、**$p < 0.05$、***$p < 0.01$；t检验

表 4.5 的实证结果显示，企业与非政府组织合作程度项系数为正值且显著，CSR 与非政府组织交乘项为负值且显著。这表明企业与非政府组织的合作，强化了企业履行 CSR 的水平降低企业的系统性风险敏感度的影响作用。由此，验证了假设 4.2。也就是说，非政府组织在影响企业履行 CSR 行为与系统性风险敏感度的作用中效果明显。加入了非政府组织的影响之后，控制变量中的企业规模、市值面值比、资产收益率等指标作用仍显著，表示其与系统性风险敏感度的显著作用。

究其原因，可能包括以下几点：其一，企业加强与非政府组织的合作可以使非政府组织在进行有关企业信息披露时对企业有较好的评价，这些评价通过新闻媒体与企业主动发布报告的形式形成一种信号，传递给社会责任投资者，促进社会责任投资者进行投资，使企业在生产经营过程中可以树立更好的品牌形象，形成品牌效应，经营更加稳定，从而拥有较低的系统性风险敏感度；其二，企业加强与非政府组织的合作有助于提升企业履行 CSR 行为的水平（杨家宁和陈健民，2010b），这可以吸引社会责任消费者，使企业的产品拥有较高的消费者忠诚度，促进社会责任消费者对企

业产品进行购买，降低产品的替代率，从而降低系统性风险敏感度；其三，企业加强与非政府组织进行合作有助于企业获取更多社会资源，使企业的经营较为稳定，从而降低企业的系统性风险敏感度。由于我国非政府组织发展尚处于起步阶段（王名和李长文，2012），非政府组织推动企业履行 CSR 行为具有比较低调和保守的特点，其作用还十分有限，企业关注且参与非政府组织活动可以通过不同的策略将非政府组织的能力和资源展示出来。

三、不同市值企业的 CSR 行为水平与系统性风险敏感度

为验证假设 4.3，本章建立的数据模型如下：

$$\text{Beta}_{i,t} = \beta_{0i} + \beta_{1i}\text{CSR}_{i,t} + \beta_{2i}\text{Size}_{i,t} + \beta_{3i}\text{TD}_{i,t} + \beta_{4i}\text{M/B}_{i,t} + \beta_{5i}\text{Cash}_{i,t}$$
$$+ \beta_{6i}\text{ROA}_{i,t} + \text{MA} + \text{CSR}_{i,t} \times \text{MA} + \mu_{i,t} \quad (4.5)$$

本部分我们通过 2009~2014 年企业层面的数据，将企业股票市值加总平均后进行排名，选取排名前 25%[①]（约 100 个企业）的企业作为高市值企业的样本，后 25%[②]（约 100 个企业）的企业作为低市值企业的样本。将市值高低设为虚拟变量 MA，令高市值企业=1，低市值企业=0，实证结果如表 4.6 所示。对于市值较高的企业，较高的 CSR 行为支出份额将使企业有较高的财务杠杆，可能导致系统性风险敏感度较高。

表 4.6　不同市值的企业 CSR 行为水平与系统性风险敏感度关系

指标名称	指标代码	Beta 系数
企业履行 CSR 的水平	CSR	9.89×10^{-2}
		（0.43）
企业股票市值	MA	0.258^{**}
		（2.16）
CSR 与企业股票市值交乘项	MA × CSR	−0.128
		（−0.51）
企业规模	Size	-0.109^{***}
		（−4.38）
财务杠杆	TD	−0.002
		（−0.32）
市值面值比	M/B	−0.017
		（−0.83）

---

① 指排名位于第 1 个 4 分位数以内的样本。
② 指排名位于第 3 个 4 分位数以后的样本。

指标名称	指标代码	Beta 系数
现金流	Cash	−0.089
		（−0.58）
资产收益率	ROA	−0.277
		（−0.83）
资本性输出	CAPEX	0.138
		（0.47）
常数	截距项	2.373***
		（7.26）
	N	200

p< 0.05、*p< 0.01；t 检验

表 4.6 中的实证结果显示，企业股票市值对企业履行 CSR 的水平与企业的系统性风险敏感度之间的调节作用是显著的，即对高市值企业而言，企业履行 CSR 的水平对企业的系统性风险敏感度的作用较弱，对低市值的企业，该作用较强。

究其原因可能有三点：一是高市值企业在 CSR 方面投资占企业总支出比重不断增大，使企业的资产负债比率上升，拥有较高的财务杠杆，利润上升幅度变慢，则企业履行 CSR 的水平对企业利润增加作用较弱；二是企业的 CSR 行为作用有边际效益递减的现象，对公司股票的市场价值高的企业而言，作用逐渐减弱；三是当消费者购买越多的 CSR 产品，那么履行 CSR 行为的企业就能得到越大的市场份额，产生的利润空间也就越大。反过来，就会有更多的企业采用 CSR 战略，来吸引高成本的企业。这些高成本会增加财务杠杆作用和系统性风险敏感度。

第四节　稳健性和内生性检验

为检验上述结论的稳健性，本章尝试替换其他的风险度量方法。参考 Qian（2013）和赵龙凯等（2014）的研究设计，使用资产收益率标准差［Std

（ROA）]作为企业风险的替换度量变量，替换后的回归结果与前文基本一致。总的来看，企业履行 CSR 对企业的系统性风险敏感度的影响是较为稳定的。表 4.7 为稳健性检验实证结果。

表 4.7 稳健性检验实证结果

指标名称	指标代码	Std（ROA）
企业履行 CSR 的水平	CSR	−0.014[*]
		（−1.85）
企业规模	Size	−0.001[**]
		（−2.52）
财务杠杆	TD	1.50×10^{-4}
		（0.80）
现金流	Cash	0.017[***]
		（2.94）
资产收益率	ROA	0.371[***]
		（30.40）
资本性输出	CAPEX	−0.040[***]
		（−3.41）
常数	截距项	0.031[***]
		（4.81）
	N	1 571

$*p < 0.1$、$**p < 0.05$、$***p < 0.01$；t 检验

更进一步，相关研究有可能存在内生性问题，为消除这些疑虑，本章对 CSR 进行了滞后期处理，由于对解释变量进行了滞后一期的处理，样本量减少为 1 050 个；再通过建立多元线性回归模型，分析经过滞后处理的解释变量与被解释变量之间的关系，建立的数据模型如下：

$$\text{Beta}_{i,t} = \beta_{0i} + \beta_{1i}\text{CSR}_{i(t-1)} + \beta_{2i}\text{Size}_{i,t} + \beta_{3i}\text{TD}_{i,t} + \beta_{4i}\text{M/B}_{i,t} + \beta_{5i}\text{Cash}_{i,t} + \beta_{6i}\text{ROA}_{i,t} + \mu_{i,t}$$

$$（4.6）$$

内生性检验实证结果如表 4.8 所示。

表 4.8　内生性检验实证结果

指标名称	指标代码	Beta 系数
企业履行 CSR 的水平	CSR	−0.143***
		（−3.28）
企业规模	Size	−0.062 6***
		（−11.89）
财务杠杆	TD	−0.001 99
		（−0.93）
市值面值比	M/B	−0.011 3*
		（−1.75）
现金流	Cash	0.002 12
		（0.03）
资产收益率	ROA	−0.652***
		（−4.92）
资本性输出	CAPEX	0.072 0
		（0.60）
常数	截距项	1.913***
		（25.64）
	N	1 050

*$p < 0.1$、***$p < 0.01$；t 检验

从内生性检验结果来看，经过滞后处理的企业履行 CSR 的水平对系统性风险敏感度的影响作用依然是显著的，这表明企业履行 CSR 的水平对系统性风险敏感度的降低的确有显著作用。

第五节　本章小结

本章证实了企业履行 CSR 的水平对企业的系统性风险敏感度的降低具

有明显作用，并且非政府组织的参与会强化这种作用。本章的研究结果表明，企业应更多地思考其 CSR 战略，可以通过提升企业的 CSR 行为水平来降低企业的系统性风险敏感度，从而实现企业发展的持续性。本章的相关研究丰富了对 CSR 的研究视角，也有助于企业更新制定战略规划的思路。

第五章　非政府组织参与CSR建设对企业人力资源的影响研究

本章概要：在 CSR 背景下，分析非政府组织参与 CSR 建设对企业人力资源影响的机理和原理。本章以员工效用最大化为目标，研究发现：①履行 CSR 的企业可以以较低的工资水平吸引到高努力程度和高责任观念的员工；②企业履行 CSR 时，若能与非政府组织紧密合作，能够强化员工的 CSR 观念，具体体现为员工自愿承担更高的减排成本和工作努力程度的提高；③企业在履行 CSR 时，若能与非政府组织紧密合作，将增大对绿色劳动力（具有 CSR 观念的劳动力）产生"绿色集聚效应"的可能性，人力资源向着履行 CSR 的绿色企业集聚，同时，会增大在劳动力市场竞争中对不履行 CSR 的企业产生"挤出效应"的概率。因此，本章的研究表明，企业参与 CSR 建设有助于构建企业的人力资源竞争优势，从而提高企业的竞争优势。而当非政府组织参与 CSR 建设后，可以进一步强化这种竞争优势。这表明非政府组织参与 CSR 的确会对企业人力资源竞争力产生正面影响，为非政府组织通过市场路径发挥效用提供理论证据。

第一节　引　　言

　　良好的人力资源是企业获得持续竞争优势的源泉之一，是帮助企业提升总体绩效水平的一项重要因素（Waddock and Graves，1997）。由于人力资源对企业非常重要，学术界将如何获取优良的人力资源问题视为战略人力资源管理的起点。研究表明，具有吸引力的组织可以吸引、保留和激励那些可以给公司增加价值并能传达公司品牌承诺的员工。组织吸引力对员工而言实质上是一种体验或经历，能够使员工产生更高的组织认同度。学者研究了什么样的组织具有吸引力的问题，并指出组织的战略导向是组织吸引力的重要方面。

　　随着社会经济发展加速，20 世纪以来企业数量和规模空前扩张，企业在社会中的重要性和权利亦史无前例地不断扩大，随之带来的社会和环境问题①已经威胁到全球经济和社会的可持续发展，使"股东价值最大化"的理论受到挑战，"利益相关者"理论逐渐受到重视②，其中围绕"CSR"③的研究成为热点（Carroll，1979；Audi R and Audi P，1995）。将履行 CSR 视为企业战略，意味着企业已经将可持续发展的观念贯穿于企业的经营活动之中，使企业与其他企业形成强烈对比。因此，CSR 是一个明显的构建组织吸引力的因素。学者也在社会责任背景下初步探讨了企业的人力资源

---

　　① 在现实中许多企业为了实现股东利益最大化目标而不择手段，如制售假冒伪劣商品、无视劳动者保护、以不正当手段侵害竞争对手、污染破坏环境等。这些行为违背了社会公平和正义的基本价值目标，也极易导致市场竞争的无序和混乱。

　　② 国际社会普遍认为，作为市场经济主体的企业所做的每个决定、每个行为都要考虑其对社会的责任。随着企业影响力的不断增强，企业行为对人类社会和经济发展所产生的影响越来越大。

　　③ CSR 是构建企业与社会和谐关系的一种基本思想。目前对 CSR 的定义有不同表述，其基本含义如下：企业有义务按照社会的目标和价值观要求进行决策并采取行动。它使企业在追求自身利益的同时，关注消费者、股东、雇员、政府和社区等相关利益者的需要，扮演社会角色。

战略问题（Kristof，1996），并普遍认为履行 CSR 能够帮助企业建立更好的社会声誉（Lyon，2007；Francis et al.，2008），能够吸引高素质和高责任感的员工（Sheldon，1923；Ghoul et al.，2011），有利于形成企业竞争力（Leibenstein，1966），最终获得市场竞争优势。

　　"利润"和"责任"本应是企业的双重目标（Margolis，1989）。但在现实经济生活中，由于企业的利润最大化导向，企业很难达到高度自觉的层次，所以社会责任的实践一般是由政府和非政府组织两股力量进行推动的。政府主要是通过立法和执法来推进 CSR 的实践。但由于"政府失灵"的存在，非政府组织被视为一种超越政府和市场以外的第三种力量，它与政府和市场不同，在解决企业的外部性、降低政府的监督成本方面，有独特优势（Lange and Washburn，2012）。非政府组织的公益性和非营利性将弥补政府与企业在对社会资源的优化配置时的功能失常。特别是在推动 CSR 实践中，非政府组织可以利用其自身优势，发挥不可替代的作用（Franke，1992）。国外学者研究了非政府组织在参与企业的 CSR 活动中扮演的角色和所起的作用。有学者从利益相关者视角研究非政府组织在 CSR 中的作用，并指出合法性的非政府组织是 CSR 的重要参与者和驱动者，但非政府组织和企业之间的困难在于相互理解的难度（如误解和不信任）（Leach et al.，2007）。另有学者从商业视角研究了发展中国家企业和非政府组织之间的伙伴关系，表明非政府组织已获得越来越多突出的社会经济认可（Lind，2001；Lind and Bos，2002）。国内学者在研究非政府组织与 CSR 的领域中，成果多集中在研究非政府组织自身的社会责任方面（黄静等，2015），对国外（如英国、美国和日本等）非政府组织推动 CSR 的介绍和评述（Gardner and Pierce，2016）、对非政府组织推动 CSR 模式的初步设想和思考（Logsdon et al.，2002），以及针对非政府组织影响 CSR 的机理分析的成果较为少见。除此之外，国内外研究非政府组织与人力资源的领域中，成果基本集中在研究非政府组织的人力资源配置问题，而从人力资源角度对非政府组织推动 CSR、构建企业竞争力过程中的作用机理进行阐释的研究较为少见，表明将非政府组织、CSR 和人力资源纳入同一框架的研究还有继续深入的空间。

因此，本书选择从企业人力资源优势的角度切入，分析非政府组织参与 CSR 建设，通过释放信号产生组织吸引力，进而影响劳动力市场的筛选机制，从人力资源角度进一步探讨 CSR 对增强企业竞争力的作用和内在机理，与现有成果进行互补。具体而言，本书通过构建企业生产函数、员工效用函数、员工自身价值感函数等，分析和讨论在 CSR 背景中不同企业类型在劳动力市场中的吸引力差异、非政府组织参与 CSR 建设后产生的外溢效应，以及最终对企业人力资源和未来竞争力的影响。

第二节　基本假设与引理

为研究方便，设市场中存在两类企业，分别为绿色企业（green firms，简称 G 类企业）和褐色企业（brown firms，简称 B 类企业）。其中，G 类企业主动履行 CSR，关注节能环保并自愿购买和应用节能减排设备[①]，以充分降低对环境的影响（绿色经济）。B 类企业不愿履行 CSR，并拒绝购买节能减排设备。两类企业采用的生产技术水平无显著差异，且两类企业的资本存量固定相同。

一、企业生产函数与经济利润

假设劳动力市场是完全竞争的，劳动力总供给量为 N，市场可以实现充分就业。借鉴 Luce 等（2001）提出的效率理论[②]，构建的企业生产函数为

$$y^\tau = (1 + e^\tau)\mu L \qquad (5.1)$$

---

① 环保是企业履行 CSR 的重要方面，Lyon（2007）、沈红波等（2012）均把 CSR 落到企业的节能减排上，因此本书做出如此假定。

② 效率理论指出，产量不仅取决于生产要素量，还取决于企业内部的协调性与员工的努力程度。

其中，$\mu > 0$ 为规模效益指数；τ 代表企业类型，且 $\tau \in \{G, B\}$；L 为企业雇用的员工数量；e^τ 为相应企业员工的平均努力程度，设员工的个人努力程度是不可观测的，也就是说，产量不会随着个人努力程度的提高而明显增加，企业员工的平均努力程度 e^τ 是既定的外生变量。从式（5.1）可以看出，产量与企业员工的平均努力程度和企业雇用的员工数量成正比。

由于 G 类企业履行 CSR 并自愿安装减排设备，设其责任成本为 A；B 类企业不安装减排设备，设其责任成本为 0。设产品的市场价格为单位 1，企业员工工资报酬为 $w(\tau)$，τ 表示企业类型（$\tau \in \{G, B\}$）。依据经济学的长期均衡理论，G 类企业和 B 类企业在长期均衡状态下的经济利润满足如下条件：

$$\pi^G = (1 + e^G)\mu L - Lw(G) - A = 0 \tag{5.2}$$

$$\pi^B = (1 + e^B)\mu L - Lw(B) = 0 \tag{5.3}$$

二、员工效用函数

企业的员工效用函数通常包括货币收入、非货币收入和自身价值感三个部分[①]（Ketchen and Shook，1996；Lydon et al.，2011）。为方便研究，设员工效用函数[②]为

$$U_i = x_i - c(e_i) + \gamma E + S_i \tag{5.4}$$

其中，i 代表某员工；x_i 为商品消费量；e_i 为员工的努力程度；$c(e_i)$ 为努力成本函数，且满足 $c'(e_i) > 0$，$c''(e_i) > 0$；E 为环境质量；$\gamma > 0$ 为环境质量的边际效用；S_i 为员工的自身价值感。

由消费理论可知，员工 i 的商品消费量取决于工资水平，因此员工的预算约束为

$$x_i = w(\tau_i), \quad \tau_i \in \{G, B\} \tag{5.5}$$

---

① 货币收入，是指通常意义上的劳动所得；非货币收入，指的是那些通常不以货币来进行买卖，但是同样可以给员工带来效用的劳动所得。员工在取得一定的货币收入之后，往往更注重非货币收入，如良好的生活环境、被授予某种荣誉称号或得到职位的提升。良好的声誉对员工来说可能意味着以后良好的发展前景和更高的货币收入与非货币收入。

② 本章的研究主要关注员工对 CSR 企业的偏好，以及非政府组织参与后的影响，采用相同形式的效用函数不会影响研究的趋势和结论。

三、员工自身价值感函数

设企业员工均具有自我认同度，后称"自身价值感"。员工的自身价值感遵循康德的定然律令（Prakash，2002），即当个人在做出某种决定时，考虑当其他人也做出相同决定时对社会福利的影响，如果结果有助于提升社会福利水平，那么自身价值感越高，反之亦然。

为了构建员工自身价值感函数，借鉴功利主义社会福利函数思想[1]，设社会福利 V 是个人福利 U_j 的简单加总，即

$$V = \sum_{j=1}^{n} U_j \tag{5.6}$$

假如每个人做出同样的决策时社会福利函数为 $\tilde{V}(e_i, \tau_i)$ ，则定义员工自身价值感函数为

$$S_i = \alpha_i \tilde{V}(e_i, \tau_i) \tag{5.7}$$

其中，$\alpha_i \in [0,1)$ 为责任意识水平系数，该系数表示个人符合道德准则的行为具有正外部性，在本章中符合道德准则的行为主要是指员工的行为决策符合 CSR 原则。由于人是利他和利己的统一体及存在"责任分散效应"[2]，全社会道德行为的正外部性不可能为 1，即 $\sum_{j=1}^{n} \alpha_j < 1$[3]。员工的行为决策有两个维度：一是选择为哪种类型的企业工作；二是决定工作时的努力程度。自身价值感函数表明员工道德行为的正外部性取决于三个变量，即责任意识水平系数、工作努力程度和企业类型（Kim et al.，2010）。

四、员工自愿承担减排成本函数

在其他条件不变的前提下，由于 G 类企业要支出更多的节能减排成本，

---

① 古典效用主义的社会福利函数是把社会福利看做所有社会成员的福利或效用的简单加总。

② 责任分散效应（diffusion of responsibility）也称旁观者效应，是指对一件事来说，如果是单个个体被要求单独完成任务，其责任感就会很强，会做出积极的反应。但如果是要求一个群体共同完成任务，群体中的每个个体的责任感就会很弱，面对困难或遇到责任往往会退缩。因为前者独立承担责任，后者期望别人多承担责任。

③ 此时排除了完全利他主义的极端情况。

这意味着选择 G 类企业的员工需要承担减排成本。设员工 i 愿意为企业承担的减排成本为 φ_i，则员工 i 选择两类企业无差别的条件为

$$w(\mathrm{B}) - \varphi_i + \alpha_i \tilde{V}(e_i, \mathrm{G}) = w(\mathrm{B}) + \alpha_i \tilde{V}(e_i, \mathrm{B}) \tag{5.8}$$

则员工 i 承担减排成本的函数 φ_i 可表示为

$$\varphi_i = \alpha_i [\tilde{V}(e_i, \mathrm{G}) - \tilde{V}(e_i, \mathrm{B})] \tag{5.9}$$

特别是当 $\alpha_i = 0$ 时，有 $\varphi_i = 0$，则表明员工不愿意为企业承担减排成本。

五、环境质量状态函数

设环境质量状态为环境质量初始水平 E^0 减去污染造成的环境恶化量 bZ，则环境质量状态可以表示为

$$E = E^0 - bZ \tag{5.10}$$

其中，b 表示 B 类企业占所有企业的比例，$b \in [0,1]$；$Z > 0$ 表示所有企业均不节能减排时所造成的环境恶化量；环境质量变量 E 为外生变量，因为环境质量不会因为员工 i 的个人选择而发生明显的改变，B 类企业比例占比也不会因为员工 i 的个人选择而发生改变。

六、模型基本引理

引理 5.1：员工效用函数可表示为

$$U_i = x_i - c(e_i) + \gamma E + \alpha_i K N[\tilde{x}_i(e_i, \tau_i) - c(e_i) + \gamma \tilde{E}(e_i, \tau_i)] \tag{5.11}$$

其中，$K = 1 \Big/ \Big[1 - \sum\limits_{j=1}^{n} \alpha_j \Big] > 0$。

证明：员工效用函数的大小主要取决于两个变量，即员工选择企业类型的决策和员工工作努力程度的决策。设员工 i 做出了选择决定，当每个人做出与员工 i 同样决定时的社会福利函数可以表示为

$$\tilde{V}(e_i, \tau_i) = N\tilde{x}_i(e_i, \tau_i) - Nc(e_i) + N\gamma \tilde{E}(e_i, \tau_i) + \sum\limits_{j=1}^{n} \alpha_j \tilde{V}(e_i, \tau_i) \tag{5.12}$$

其中，$\tilde{V}(e_i, \tau_i)$、$\tilde{x}_i(e_i, \tau_i)$、$\tilde{E}(e_i, \tau_i)$ 表示当每个人做出与员工 i 同样的决定时相对应的社会福利、商品消费品数量和环境质量。

整理式（5.12）可得

$$\tilde{V}(e_i,\tau_i) - \sum_{j=1}^{n} \alpha_j \tilde{V}(e_i,\tau_i) = N\tilde{x}_i(e_i,\tau_i) - Nc(e_i) + N\gamma\tilde{E}(e_i,\tau_i)$$

$$\left(1 - \sum_{j=1}^{n} \alpha_j\right)\tilde{V}(e_i,\tau_i) = N\tilde{x}_i(e_i,\tau_i) - Nc(e_i) + N\gamma\tilde{E}(e_i,\tau_i)$$

$$\tilde{V}(e_i,\tau_i) = KN[\tilde{x}_i(e_i,\tau_i) - c(e_i) + \gamma\tilde{E}(e_i,\tau_i)]; \quad K = 1/\left(1 - \sum_{j=1}^{n} \alpha_j\right) \quad （5.13）$$

结合式（5.4）和式（5.7）可得到员工效用函数的表达式：

$$U_i = x_i - c(e_i) + \gamma E + \alpha_i KN[\tilde{x}_i(e_i,\tau_i) - c(e_i) + \gamma\tilde{E}(e_i,\tau_i)] \quad （5.14）$$

由引理 5.1 可以得出，在员工工作的企业类型既定的情况下，员工的效用取决于工作努力程度和责任意识水平系数。从短期来看，员工的责任意识水平系数是固定不变的，因此员工通过调整工作努力程度来实现自身效用最大化。

引理 5.2：员工承担减排成本函数 φ_i 的表达式为

$$\varphi_i = \varphi(\alpha_i) = \frac{\alpha_i}{1 - \sum_{j=1}^{n} \alpha_j} N\left(\gamma Z - \frac{A}{L}\right) \quad （5.15）$$

证明：由式（5.2）、式（5.3）和式（5.5）可知，选择不同类型企业的员工的工资和商品消费量可表示为

$$w(\text{G}) = \left(1 + e^{\text{G}}\right)\mu - \frac{A}{L}; w(\text{B}) = \left(1 + e^{\text{B}}\right)\mu \quad （5.16）$$

$$x(e_i,\text{G}) = \left(1 + e_i\right)\mu - \frac{A}{L}; x(e_i,\text{B}) = \left(1 + e_i\right)\mu \quad （5.17）$$

联立式（5.4）、式（5.10）、式（5.13）和式（5.17）可得

$$\begin{aligned}\varphi(\alpha_i) &= \alpha_i\left[\tilde{V}(e_i,\text{G}) - \tilde{V}(e_i,\text{B})\right]\\ &= \frac{\alpha_i N}{1 - \sum_{j=1}^{n} \alpha_j}\left[x(e_i,\text{G}) - x(e_i,\text{B}) + \gamma E(e_i,\text{G}) - \gamma E(e_i,\text{B})\right]\\ &= \frac{\alpha_i}{1 - \sum_{j=1}^{n} \alpha_j}\left(\gamma Z - \frac{A}{L}\right)\end{aligned}$$

其中，$E(e_i,\text{G})$ 和 $E(e_i,\text{B})$ 的表达式可由式（5.10）求得，$E(\text{B}) = E^0 - Z$，$E(\text{G}) = E^0$。

由引理 5.2 可以得出，$\dfrac{\partial\varphi_i}{\partial\alpha_i} > 0$，这说明员工愿意为 G 类企业承担的减

排成本与员工责任意识水平系数成正比，这也表明，社会责任感越强的员工愿意为企业所承担的减排成本越多。

第三节　模型分析与机理阐释

一、员工责任意识水平系数与工作努力程度分析

联立式（5.7）和式（5.4）得到的员工效用函数为

$$U_i = x_i - c(e_i) + \gamma E + \alpha_i \tilde{V}(e_i, \tau_i) \tag{5.18}$$

式（5.18）中员工效用函数 U_i 对努力程度 e 求导，得到员工效用最大化的一阶条件为

$$\frac{\partial U_i}{\partial e_i} = -\frac{\partial c(e_i)}{\partial e_i} + \alpha_i \frac{\partial \tilde{V}(e_i, \tau_i)}{\partial e_i} = 0 \tag{5.19}$$

整理可得员工的努力成本函数为

$$c'(e_i) = \alpha_i \frac{\partial \tilde{V}(e_i, \tau_i)}{\partial e_i} \tag{5.20}$$

下面分两种情形讨论责任意识水平系数 α_i 与员工工作的努力程度 e_i 之间的关系，即员工 i 可以选择在 G 类企业工作或在 B 类企业工作时，员工责任意识水平系数与工作努力程度的关系。

情形 I：员工 i 选择在 G 类企业工作。

由式（5.13）和式（5.17）可得

$$\tilde{V}(e_i^G, G) = KN \left[\frac{(1 + e_i^G)\mu L - A}{L} - c(e_i^G) + \gamma \tilde{E}(e_i^G, G) \right] \tag{5.21}$$

对式（5.21）关于 e_i^G 求偏导可得到

$$\frac{\partial \tilde{V}(e_i^G, G)}{\partial e_i^G} = KN \left[\mu - c'(e_i^G) \right] \tag{5.22}$$

联立式（5.20）得到

$$c'(e_i^{\mathrm{G}}) = \frac{\alpha_i KN\mu}{1 + \alpha_i KN} \tag{5.23}$$

情形 Ⅱ：员工 i 选择在 B 类企业工作。

由式（5.13）和式（5.17）可得

$$\tilde{V}(e_i^{\mathrm{B}}, \mathrm{B}) = KN\left[\frac{(1 + e_i^{\mathrm{B}})\mu L}{L} - c(e_i^{\mathrm{B}}) + \gamma \tilde{E}(e_i^{\mathrm{B}}, \mathrm{B})\right] \tag{5.24}$$

对式（5.24）关于 e_i^{B} 求偏导可得到

$$\frac{\partial \tilde{V}(e_i^{\mathrm{B}}, \mathrm{B})}{\partial e_i^{\mathrm{B}}} = KN\left[\mu - c'(e_i^{\mathrm{B}})\right] \tag{5.25}$$

联立式（5.20）得到

$$c'(e_i^{\mathrm{B}}) = \frac{\alpha_i KN\mu}{1 + \alpha_i KN} \tag{5.26}$$

根据情形 Ⅰ 和情形 Ⅱ 的推导结果，员工无论选择 G 类企业还是 B 类企业，所得到的工作努力程度一阶导数是相同的。合并式（5.23）和式（5.26），得到员工工作努力程度的一阶导数为

$$c'(e_i) = \frac{\alpha_i KN\mu}{1 + \alpha_i KN} \tag{5.27}$$

令 $\omega = \alpha_i K = \alpha_i\big/\left(1 - \sum_{j=1}^{n}\alpha_j\right)$，$\alpha_i$ 与 ω 变化方向相同，式（5.27）变为 $c'(e_i) = \frac{\omega N\mu}{1 + \omega N} = \frac{N\mu}{\frac{1}{\omega} + N}$。责任意识水平系数 α_i 增大时，ω 也随之增大，进而 $c'(e_i)$ 增大，则 α_i 和 $c'(e_i)$ 成正比，说明 $\frac{\partial c'(e_i)}{\partial \alpha_i} > 0$；由 $c''(e_i) > 0$，可知 $c'(e_i)$ 为增函数，即 $c'(e_i)$ 随着 e_i 的增大（减小）而增大（减小），说明 $\frac{\partial c'(e_i)}{\partial e_i} > 0$。

由以上分析可得出，员工工作努力程度与责任意识水平系数的相关关系为 $\frac{\partial e_i}{\partial \alpha_i} = \frac{\partial c'(e_i)}{\partial \alpha_i} \times \frac{\partial e_i}{\partial c'(e_i)} > 0$，说明员工工作努力程度与责任意识水平系数呈正相关关系。

由以上分析我们得到定理 5.1。

定理 5.1：在员工效用最大化目标下，员工工作努力程度 e_i 与责任意识

水平系数 α_i 呈正相关关系。

定理 5.1 表明，责任感和自身价值感较强的员工，工作努力程度较高，能够给企业带来较多的经济效益，反之亦然。

二、完全理性假设下的员工决策分析

假设员工是完全理性经济人，在选择企业类型时追求自身经济利益和效用最大化，不考虑工作努力程度、环境质量和自身价值感。此时，员工的效用函数变为

$$U_i = f(x_i) \tag{5.28}$$

员工效用函数的约束条件为 $x_i = w(\tau_i)$。员工效用与商品消费量成正比，商品消费量取决于工资水平，因此，在完全理性经济人的假设条件下，员工将选择工资水平较高的企业类型。

在其他条件相同并且两种企业类型同时存在的情况下，G 类企业购买减排设备，其运营成本高于 B 类企业，所能支付给员工的工资水平就会低于 B 类企业。完全理性的员工追求自身经济利益的最大化，将会选择工资水平较高的 B 类企业，而 G 类企业由于无法吸引员工而会逐渐消亡，市场上会出现非环保型企业对环保型企业的排挤现象。因此，完全理性经济人假设条件下的员工决策会出现逆向选择现象。

三、非政府组织参与对员工决策的影响分析

本章所研究的员工决策主要是指员工按自身效用（利益）最大化原则，做出为某一类型企业工作或不为其工作的决策。同时，以企业与市场中的非政府组织合作是否紧密为标准，分为两类情形。

情形Ⅲ：企业与市场中的非政府组织合作松散。

当企业与市场中的非政府组织合作松散时，非政府组织几乎不参与企业的 CSR 活动。为简单起见，设员工 i 选择 G 类企业的前提条件是 G 类企业支付的工资水平与员工 i 愿意为 G 类企业承担的减排成本之和不小于 B

类企业支付的工资水平，即

$$w(G) + \varphi(\alpha_i) \geqslant w(B) \qquad (5.29)$$

设 $\Delta w(\alpha)$ $[\Delta w = w(B) - w(G)]$ 表示 B 类企业的工资补偿能力，根据式（5.2）和式（5.3），可得 B 类企业的工资补偿能力为

$$\Delta w(\alpha) = \frac{A}{L} - \mu[e^{G}(\alpha) - e^{B}(\alpha)] \qquad (5.30)$$

只有满足条件 $\varphi(\alpha_i) \geqslant \Delta w(\alpha)$ 时，员工 i 才会选择 G 类企业，否则，将选择 B 类企业工作。

如图 5.1 所示，当 $\alpha_i = \alpha_0$ 时，满足 $\varphi(\alpha_i) = \Delta w(\alpha)$，即员工 i 自愿减排成本与 B 类企业的工资补偿能力相等，此时的责任意识水平系数 α_0 为员工 i 选择 G 类企业（B 类企业）的临界值，即如果员工 i 的责任意识水平系数 $\alpha_i \geqslant \alpha_0$，则会选择 G 类企业，如果 $\alpha_i < \alpha_0$ 则会选择 B 类企业。

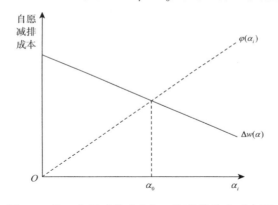

图 5.1 员工自愿减排成本与工资补偿能力示意图

对不同的员工（$i \neq j$），责任意识水平系数也不相同（$\alpha_i \neq \alpha_j$），设员工 i 选择 G 类企业，员工 j 选择 B 类企业，那么 $\alpha_i > \alpha_j$，由于员工工作努力程度 e_i 与责任意识水平系数 α_i 的正相关关系，即 $\frac{\partial e_i}{\partial \alpha_i} > 0$，由此推出 $e_i > e_j$。

由以上分析我们得到定理 5.2。

定理 5.2：在其他条件一定且市场上两种企业同时存在时，G 类企业的工资水平低于 B 类企业，G 类企业员工的工作努力程度高于 B 类企业员工。

定理 5.2 表明，G 类企业履行 CSR，购买减排设备，增加了运营成本，

在其他条件相同的情况下，G 类企业的工资水平低于 B 类企业，但是选择 G 类企业的员工责任意识水平和工作努力程度高于 B 类企业。也就是说，企业通过履行 CSR，可以以较低的工资水平吸引高责任意识水平和高努力程度的员工。

情形Ⅳ：企业与市场中的非政府组织合作紧密。

非政府组织推动中国环境保护运动的发展，许多非政府组织都在积极地开展保护环境意识的普及、教育和宣传活动，其内容包括开展各种形式的环保倡议活动和实践活动，目的是增强公众的环保意识和社会服务意识，从而提高公众的责任意识水平（Perrini，2006），或者通过企业间的竞争来确保企业行为有利于消费者（Angela et al.，2010），抑或采用对抗的方式去监督某一行业或企业，使企业需要付出更多的成本去消除其负面影响（Angela et al.，2010）。为简单起见，本章假定非政府组织参与 CSR 建设可以提高个人的责任意识水平，从而影响员工的选择行为[①]。本章假设，当有非政府组织参与时，非政府组织的行为会对员工责任意识水平产生影响，并设影响因子为 λ。此时，设有非政府组织参与时员工 i 的责任意识水平系数用 β_i 表示，且有 $\beta_i = \lambda \alpha_i$，由前文对责任意识水平系数的假设及非政府组织对员工责任意识水平的影响分析可知，$\alpha_i \leqslant \beta_i < 1$，则影响因子 λ 满足 $1 \leqslant \lambda < \dfrac{1}{\alpha_i}$。影响因子 $1 \leqslant \lambda$ 表明，非政府组织至少可以维持员工的责任意识水平不会下降，甚至还具有提升责任意识水平的作用；而 $\lambda < \dfrac{1}{\alpha_i}$ 表明非政府组织只会有限地提升员工的责任意识水平。在情形Ⅱ中，员工 i 的自身价值感函数变为

$$S_i = \beta_i \tilde{V}(e_i, \tau_i) = \lambda \alpha_i \tilde{V}(e_i, \tau_i); \quad \lambda \in \left[1, \frac{1}{\alpha_i}\right) \tag{5.31}$$

下面进行进一步分析，当 G 类企业与非政府组织紧密合作时，G 类企业的员工在自愿承担减排成本方面发生的变化。此时，员工 i 的责任意识水

---

① 本章同样可以假定，非政府组织的参与会给不履行 CSR 的企业产生消除负面影响的额外成本。但从相对的角度来看，这些额外成本也是绿色企业获得相对优势的反映，对本章的研究结论不会产生本质影响，故为简单起见而如此假设。

平系数由 α_i 变为 β_i，设与非政府组织紧密合作前员工自愿承担减排成本为 φ_i^1，非政府组织参与后员工自愿承担减排成本为 φ_i^2，用 $\Delta\varphi_i(\Delta\varphi_i = \varphi_i^2 - \varphi_i^1)$ 表示非政府组织参与前后员工自愿承担减排成本的变化。

由引理 5.2 可知，在两种情形下，员工自愿承担的减排成本分别为

$$\varphi_i^1 = \frac{\alpha_i}{1 - \sum_{j=1}^n \alpha_j} N\left(\gamma Z - \frac{A}{L}\right) \tag{5.32}$$

$$\varphi_i^2 = \frac{\beta_i}{1 - \sum_{j=1}^n \beta_j} N\left(\gamma Z - \frac{A}{L}\right) \tag{5.33}$$

则非政府组织参与前后员工自愿承担减排成本的变化量 $\Delta\varphi_i$ 为

$$\begin{aligned}
\Delta\varphi_i &= \varphi_i^2 - \varphi_i^1 \\
&= \frac{\beta_i}{1 - \sum_{j=1}^n \beta_j} N\left(\gamma Z - \frac{A}{L}\right) - \frac{\alpha_i}{1 - \sum_{j=1}^n \alpha_j} N\left(\gamma Z - \frac{A}{L}\right) \\
&= \left(\frac{\beta_i}{1 - \sum_{j=1}^n \beta_j} - \frac{\alpha_i}{1 - \sum_{j=1}^n \alpha_j}\right) N\left(\gamma Z - \frac{A}{L}\right) \\
&= \frac{\beta_i\left(1 - \sum_{j=1}^n \alpha_j\right) - \alpha_i\left(1 - \sum_{j=1}^n \beta_j\right)}{\left(1 - \sum_{j=1}^n \beta_j\right)\left(1 - \sum_{j=1}^n \alpha_j\right)} N\left(\gamma Z - \frac{A}{L}\right) \\
&= \frac{(\beta_i - \alpha_i) + \left(\alpha_i \sum_{j=1}^n \beta_j - \beta_i \sum_{j=1}^n \alpha_j\right)}{\left(1 - \sum_{j=1}^n \beta_j\right)\left(1 - \sum_{j=1}^n \alpha_j\right)} N\left(\gamma Z - \frac{A}{L}\right)
\end{aligned}$$

将 $\beta_i = \lambda\alpha_i$ 代入整理可得

$$\Delta\varphi_i = \frac{(\lambda - 1)\alpha_i}{\left(1 - \sum_{j=1}^n \beta_j\right)\left(1 - \sum_{j=1}^n \alpha_j\right)} N\left(\gamma Z - \frac{A}{L}\right) \tag{5.34}$$

由于 $1 < \lambda < \frac{1}{\alpha_i}$，且 $\left(\gamma Z - \frac{A}{L}\right) > 0$[①]，则 $\Delta\varphi_i > 0$，即非政府组织的参与使 G 类企业员工愿意为企业承担更多的减排成本。

由以上分析我们得到定理 5.3。

定理 5.3：企业与非政府组织紧密合作后，员工自愿承担的减排成本高

---

① 由员工自愿承担减排成本大于零推导得到。

于非政府组织参与前员工自愿承担的减排成本，即 $\Delta\varphi_i > 0$。

接下来，我们继续讨论劳动力市场的变化情况。

企业与非政府组织的紧密合作对员工责任意识水平有维持或提高的作用，因此非政府组织参与后的员工责任意识水平系数大于或者等于非政府组织参与前的员工责任意识水平系数，即 $\beta_i \geqslant \alpha_i$。

由图 5.2 可以看出，$\beta_i \geqslant \alpha_i$，因此 $\varphi^2(\alpha_i)$ 的斜率大于 $\varphi^1(\alpha_i)$ 的斜率，由此得到选择 G 类企业新的责任意识水平系数临界值为 α_1，即如果员工 i 的责任意识水平系数 $\alpha_i \geqslant \alpha_1$，则会选择 G 类企业，如果 $\alpha_i < \alpha_1$ 则会选择 B 类企业。与非政府组织合作松散时的状态比较可知，责任意识水平系数满足 $\alpha_1 \leqslant \alpha_i \leqslant \alpha_0$ 的员工将离开 B 类企业，选择为 G 类企业工作，非政府组织的参与使部分 B 类企业的员工外流至 G 类企业，G 类企业的员工人数增加，B 类企业的员工人数减少。

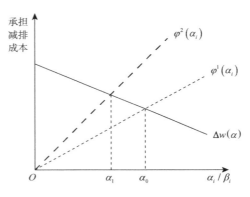

图 5.2　员工承担减排成本示意

由以上分析我们得到定理 5.4。

定理 5.4：企业与非政府组织紧密合作后，G 类企业在人力资源上形成对 B 类企业的竞争优势，导致 B 类企业被逐渐挤出市场的可能性增加。

综上可知，企业与非政府组织的紧密合作能够提高企业员工的责任意识水平和工作努力程度，高素质和高努力程度的员工团队将提升企业的竞争实力。由于 B 类企业不重视 CSR，其员工部分流失，同时，G 类企业重视 CSR，其员工的努力程度较高。不仅如此，非政府组织的参与增加 G 类企业员工自愿为其承担的减排成本，降低 G 类企业的运营成本，提高了 G 类企业的竞争优势。

第四节　本 章 小 结

本章在 CSR 背景下，在效用最大化目标下，通过阐释具有责任意识员工的行为决策机制，论证了企业如何通过履行 CSR，进而形成人力资源竞争优势的机理。研究发现，企业参与 CSR 建设有助于提高企业的人力资源优势，在本章中主要表现为 G 类企业员工工作的高努力程度，非政府组织作为重要角色参与 CSR，能进一步提升员工的社会责任感，进而帮助企业在劳动力市场上形成更明显的企业竞争优势。

本章的结论对 CSR 领域的研究具有一定的理论与现实意义，不仅阐明了履行 CSR 有利于形成企业人力资源优势的机理，同时还将非政府组织纳入本章的研究框架之中，丰富了非政府组织参与 CSR 建设的理论研究内容。除此之外，本章的研究结论还可以为未来的实证研究提供新的视角指引，这也将是未来深入研究的方向之一。

第六章 非政府组织参与CSR建设对企业市场价值的影响研究

本章概要：以 CSR 建设为背景，以地震灾害后的企业捐赠行为为 CSR 的替代变量，在半强形式有效市场的假定下，通过模型与实证相结合的方法，分析企业借助第三方捐赠平台（作为一类非政府组织）参与灾后捐赠时，市场对企业捐赠行为的反应和机理。研究发现，社会责任投资者数量、捐赠企业数量和第三方捐赠平台（以此作为一类非政府组织）的公信力，与市场对企业捐赠行为的反应呈正相关关系，与捐赠金额呈 U 形关系。同时，选取四川芦山地震期间 A+H 股企业慈善捐赠的数据作为样本进行进一步分析。研究发现，相对于国内市场，国际市场的反应程度更加强烈。捐赠信息发表时间是较明显的影响因素之一，同时，相对于 A 股市场而言，H 股市场对民间非政府组织这一公信力较高的捐赠平台表现出更强的正向市场反应。本章的相关研究在一定程度上丰富了 CSR 行为（企业慈善行为）在市场反应领域的研究成果。

第一节　研究基础

慈善捐赠作为企业回馈社会行为最常见的形式之一，可以追溯到 17 世纪的欧洲。在许多欧美国家，企业从事慈善事业、公益营销、社会责任性雇佣等形式多样的 CSR 行为已经成为主流。从企业自身角度来看，做慈善不仅是做"正确的事"，还可以通过影响正面利益相关者使企业"做得更好"（Bhattacharya and Sen，2004）。

相关研究大致可分为两类。第一类观点认为，慈善捐赠可以为企业创造声誉资本进而增强企业获取资源的能力。Gardberg 和 Fombrun（2006）、Reed Ii 等（2007）指出，非慈善组织参与慈善事业被潜在地认为具有与慈善组织相似的道德特征，这种声誉资本增强了企业获得更具吸引力合约的能力、吸引潜在雇员的能力、为产品制定高价及降低资本成本的能力。Patten（2008）发现，美国企业在 2004 年东南亚海啸灾难中，捐赠企业 5 天内（−1,3）①的累积异常收益率显著为正值，同时企业的捐赠金额及比率却显著性地正向影响累积异常收益率，但反应时间对累积异常收益率没有显著影响。与 Patten（2008）的结果相似，Muller 和 Kräussl（2007）研究了美国企业在卡特里娜飓风灾难中企业捐赠对企业异常收益率的影响，发现捐赠金额对异常收益率有显著的正向影响，反应时间对异常收益率的影响不显著。

第二类观点认为，企业通过慈善捐赠提高企业市场地位，这被称为战略性捐赠。因为企业慈善捐赠不但可以增加消费者对品牌或企业名称的认知（Smith，1994），还能改善顾客对企业的态度（Campbell et al.，1999），进一步起到广告的作用（Navarro，1988）和产生主动避税的效果（Brown et al.，2006）。慈善捐赠通常被认为是一种积极的 CSR 行为，它不仅可以提高消费

---

① 代表捐赠发生的前 1 天和后 3 天。

者对企业产品的评价，提高消费者满意度和消费者忠诚度，而且可以增加消费者购买意向，从而提高企业市场反应和市场地位（Brown and Dacin，1997）。因此，越来越多的企业运用慈善行为来改善它们的经营（Harris et al.，2006；Chen et al.，2008；Patten，2008）。这一观念同样得到企业家的认可。一项美国经济谘商局（The Conference Board）的调查显示，美国303家企业的高层认为捐赠可以改善企业形象（75%）、提高员工参与和士气（52%）、改善与顾客的关系（20%）、增加产品销量（7.2%）与更多的媒体报道（3.6%）。

　　国内学者同样关注了此类问题。山立威等（2008）率先对汶川地震后我国上市公司捐款进行了实证研究，发现企业捐赠行为存在提高声誉以获取广告效用的经济动机，企业以广告效用的经济动机来选择捐赠数量和方式。此后，燕波等（2009）、李敬强和刘凤军（2010）也对企业慈善捐赠对市场影响进行了各种实证分析，得出慈善捐赠有助于提升企业品牌形象，增加市场对企业价值的正向反应。从国内外研究成果来看，研究大都支持企业慈善捐赠有利于市场反应的增加，也基本认同进行慈善捐赠是增进企业竞争力的一种重要载体。

　　第三方捐赠平台属于非政府组织的一类，非政府组织不仅是政府失灵和市场失灵背景下重要的第三方力量（Sen and Bhattacharya，2001），还在促使企业履行CSR中发挥了重要作用（Guay and Sinclair，2004）。Egels-Zandén和Hyllman（2006）指出，对非政府组织和行业协会而言，二者的合作将会比彼此冲突带来更有益的结果，并提出了非政府组织与行业协会的合作机制和模式。在我国，虽然非政府组织的实力和发展仍然受到广泛限制，其与企业进行的CSR合作也面临独有的特征和困难，但学者仍然进行了高度关注和相关研究。沈红波等（2012）、王瑶（2013）、杨萧昌等（2013）从环境保护的角度出发，借鉴西方主要环保组织发动环境运动的行为和策略，通过研究我国环保组织的发展现状，进而对环保型非政府组织的运营提出针对性的合理建议。杨家宁和陈健民（2010a）从非政府组织具有不同资源的角度，沿着资源决定权力关注的思路，将非政府组织推动CSR活动方式及策略分为三种类型，即合作型、独立型和抗争型，提出非政府组织推动企业承担社会责任的不同关系形态。张胜荣和汪兴东（2014）在非营利组织的劝募策略研究中指出，我国大部分非政府组织的劝募策略和资金来源仍然较为单一，并未从推销向导阶段上升到市场营销阶段。因此，非政府组织要加强内部管理，提升内部建设；在与政府的合作中要保持相对独立性，在与企业的交往中不能忽略非营利性的宗旨和本质。总体而言，非政府组织只有通过自身长期的规范性发展，才能建立起良好的公众信誉，从而发挥出自身独特的价值与作用。

综上，已有研究主要集中于研究企业慈善捐赠的动机、慈善捐赠对企业市场反应的影响，以及慈善捐赠增加企业市场反应的原因。但以上研究均未关注企业在捐赠过程中借助第三方捐赠平台这一行为特征。同时，国内关于非政府组织的研究中，主要是研究非政府组织本身的运行和组织，以及企业与非政府组织合作的模式和机制，并没有针对非政府组织对市场反应的影响进行研究。但企业慈善捐赠公布的资料显示，有许多企业的捐赠都是通过一些第三方捐赠平台（如红十字会、慈善基金等）来实现的。这提醒我们，第三方捐赠平台是否在其中起到了重要作用或扮演了重要角色？除了能降低企业的交易成本外，是否还对市场反应有不同的作用？基于此，本章拟从非政府组织参与 CSR 建设这一思路进行深入研究，主要考察企业慈善捐赠的市场反应，是否会因为它与第三方平台或组织的合作而发生变化，并对相关研究形成有益补充。

第二节　模型设定与变量、样本描述

本章模型主要参考与借鉴 Heinkel（2001）、Small 和 Zivin（2005）、Barnea 等（2013）的模型设定，将市场中不同类型的投资者均视为重要的利益相关方，通过构建其效用函数，重点考察企业的捐赠行为特征影响市场反应的机理，对捐赠信息发布时间、捐赠金额等因素对市场反应的影响进行验证。进一步，本章在模型中引入第三方捐赠平台公信力因子，考察企业借助第三方平台捐赠对市场反应的影响及差异。本章涉及的主要字符及含义见表 6.1。

表 6.1　主要字符含义

符号	含义
I_n	自然投资者（natural investor）数量
N_n	自然企业（natural firm）数量
P_n	自然企业的证券市值
α	捐赠平台公信力因子
I_r	社会责任投资者（responsibility investor）数量
N_r	责任企业（responsibility firm）数量
P_r	责任企业的证券市值
D	捐赠金额
x_{nr} 和 x_{nn}	自然投资者所持有的市场中责任企业和自然企业的股份
x_{rr} 和 x_{rn}	社会责任投资者所持有的市场中责任企业和自然企业的股份

一、基本假设

（1）市场假设。假定市场为半强式有效市场，即上市公司的证券价格能够充分反映投资者可以获得的信息（Fama，1970）。这样的假定主要是方便从投资者的角度出发对企业捐赠行为进行建模研究。除此之外，企业将能够充分并完整地披露自身的慈善捐赠信息，使不同企业发布慈善捐赠信息的质量对投资者产生异性影响。同时，市场中存在不同公信力的第三方捐赠平台，并且企业在进行慈善捐助时，能够自主选择适宜的捐赠平台。

（2）企业假设。设市场中企业数量为 N，所有企业分为两类，两类企业间主要的区别在于它们的捐赠决策：一类为发生自然灾害事件后没有慈善捐赠行为，称为自然企业；一类为发生自然灾害事件后有慈善捐赠行为，称为责任企业。所有企业本期所持有的资金流 K、生产参数 k_1 和 $k_2 (k_1 > 0, k_2 > 0)$ 都是相同的，且它们只进行股权融资，即在证券市场中发行相同数量的股票，或有相同数量的流通股份，此时企业的市场反应只与它的证券价格 P 相关，因此企业市场反应程度可以用企业证券价格 P 的变动结果来代替。

现设定市场中存在 N_n 个自然企业（$N_n = N - N_r$），自然企业慈善捐赠方面没有开支（$D=0$），即期末现金流公式为

$$\mu_n = k_1 K - (1/2) k_2 K^2 \qquad （6.1）$$

剩余的则是 N_r 个履行慈善捐赠（慈善捐赠额 $D > 0$，且 $D \in [0, K]$）的责任企业，则其期末现金流公式为

$$\mu_r = k_1 (K - D) - (1/2) k_2 (K - D)^2 \qquad （6.2）$$

（3）投资者假设。设市场中的投资者总数目为 I，为简单起见，假设所有投资者拥有相同的财富，他们将所有财富都用于在证券市场上购买各企业的股票（即市场中的全部投资者的投资金额均相等）。因此，投资者数量与总资产规模呈正相关关系。设市场中投资者均知道社会责任对企业现金流产生的影响。由于对企业慈善捐赠的关注程度不同，本书假设存在两类不同的投资者：一类为自然投资者，其不关注企业慈善捐赠，仅看重投资所带来的自身经济效用最大化；另一类为社会责任投资者，他们关注企业慈善捐赠，不仅看重经济效用，而且会从投资履行慈善捐赠企业中获得精神效用，继而追求经济效用与精神效用的最大化。两类投资者在市场投资时，分别依据自身效用最大化的原则对企业进行投资选择，即企业捐赠行为将产生不同的市场反应。

设市场中自然投资者为 I_n 个，他们仅看重资本回报，追求自身经济效用最大化，不关注 CSR 的履行情况，则自然投资者的效用函数为

$$U_n = x_{nr} \mu_r + x_{nn} \mu_n - \frac{1}{2\tau} \left(x_{nr}^2 \sigma_r^2 + x_{nn}^2 \sigma_n^2 + 2 x_{nr} x_{nn} \sigma_{nr} \right) - x_{nr} P_r - x_{nn} P_n \qquad （6.3）$$

其中，x_{nr} 和 x_{nn} 分别表示自然投资者所持有的市场中责任企业与自然企业的股份；两类企业现金流各存在方差为 σ_r 和 σ_n，且二者有一个协方差 σ_{nr}；P_r 和 P_n 分别代表责任企业与自然企业在证券市场上的平均市值；所有投资者都有风险厌恶，τ 表示风险容忍度。式（6.3）表明，对自然投资者而言，其仅关注企业经营现金流所给予的资本回馈。

设市场中社会责任投资者为 I_r 个，该类企业具有强烈的社会责任理念，

不仅追求自身经济效用，而且能从对履行 CSR 的企业投资中获得精神效用，继而追求经济效用与精神效用的最大化。社会责任投资者偏好的效用函数为

$$U_r = x_{rr}\mu_r + x_{rn}\mu_n - \frac{1}{2\tau}\left(x_{rr}^2\sigma_r^2 + x_{rn}^2\sigma_n^2 + 2x_{rr}x_{rn}\sigma_{rn}\right) \qquad (6.4)$$

$$-x_{rr}P_r - x_{rn}P_n + W(D, x_{rr}, x_{rn})$$

$$W(D, x_{rr}, x_{rn}) = x_{rr}\alpha\left[uD - (1/2)\upsilon D^2\right] + x_{rn}\omega \qquad (6.5)$$

其中，x_{rr} 和 x_{rn} 分别表示社会责任投资者所持有的责任企业与自然企业的股份；$W(D, x_{rr}, x_{rn})$ 是社会责任投资者通过投资责任企业所获得的精神效用；其余部分代表社会责任投资者从投资中获取的经济效用；$x_{rr}\alpha\left[uD - (1/2)\upsilon D^2\right]$ 代表社会责任投资者从所持有的责任企业股份中获取的正效用；α 为企业选择的第三方捐赠平台公信力因子，因子数值越大，该平台在投资者中的公信力和宣传力越大，更能增强其社会责任投资者的精神效用；在 $x_{rn}\omega$ 中 $\omega < 0$，表示持有未履行慈善捐赠的自然企业股份时，将对社会责任投资者产生负效用。

式（6.5）表明，对社会责任投资者而言，企业进行慈善捐赠在可能损害其经济利益的同时，却能增进其精神效用。因此，社会责任投资者将在坚持自身效用最大化的原则下，平衡经济效用与精神效用的关系，并有可能影响企业制定符合自身价值的最优捐赠策略。

（4）交易假设。根据市场出清条件下的完全均衡条件，在交易时应满足：

$$I_n x_{nr}^* + I_r x_{rr}^* = N_r \qquad (6.6)$$

$$I_n x_{nn}^* + I_r x_{rn}^* = N_n \qquad (6.7)$$

其中，x^* 代表不同投资者的最优均衡持股数临界点。因此，两类投资者在市场投资时分别依据自身效用最大化的原则对企业进行投资选择，导致两类企业产生不同的市场反应。

二、企业事件捐赠模型推理

根据自然投资者的效用函数均衡条件，自然投资者效用最大化时，分别持有责任企业和自然企业的均衡持股数如下：

$$x_{nr}^* = \frac{\tau}{\sigma_r^2}(\mu_r - P_r) \tag{6.8}$$

$$x_{nn}^* = \frac{\tau}{\sigma_n^2}(\mu_n - P_n) \tag{6.9}$$

同理，可求得社会责任投资者效用最大化时，所分别持有两类企业的股份均衡数：

$$x_{rr}^* = \frac{\tau}{\sigma_r^2}\{(\mu_r - P_r) + G\}, \quad G = \alpha\left[uD - (1/2)\upsilon D^2\right] \tag{6.10}$$

$$x_{rn}^* = \frac{\tau}{\sigma_n^2}\{(\mu_n - P_n) + \omega\} \tag{6.11}$$

将上述式（6.8）~式（6.11）分别代入式（6.6）和式（6.7），即可得到受自然投资者和社会责任投资者影响下，两类企业在市场上呈现的价值：

$$P_r = \mu_r - \frac{1}{I\tau}N_r\sigma_r^2 + \frac{I_r}{I}G \tag{6.12}$$

$$P_n = \mu_n - \frac{1}{I\tau}N_n\sigma_n^2 + \frac{I_r}{I}\omega \tag{6.13}$$

假设当企业的慈善捐赠行为从无到有时，即从自然企业转变为责任企业后，其证券价格也将由履行前的 P_n 转变为履行后的 P_r，并用 ΔP 来代表价格变化幅度。

$$\Delta P = P_r - P_n = \mu_r - \frac{1}{I\tau}N_r\sigma_r^2 + \frac{I_r}{I}G - \mu_n + \frac{1}{I\tau}N_n\sigma_n^2 - \frac{I_r}{I}\omega \tag{6.14}$$

当 $\Delta P > 0$ 时，表明企业履行慈善捐赠能够提升正向市场反应，且满足：

$$I_r\left\{\alpha\left[uD - (1/2)\upsilon D^2\right] - \omega\right\} > \frac{1}{\tau}\left[N_r(\sigma_r^2 + \sigma_n^2) - N\sigma_n^2\right] \tag{6.15}$$

由式（6.15）可知，当 $\Delta P > 0$ 时，其市场反应将取决于捐赠行为中的四类特征，包括社会责任投资者数量、捐赠企业数量、捐赠金额和捐赠平台公信力。

三、研究结论及分析

定理 6.1：给定其他条件不变时，当存在较多社会责任投资者时，市场会对捐赠企业做出正向反应；社会责任投资者越多，市场的正向反应程度越高。

由式（6.15）可知，若保持 D、N_r 和 α 不变，且要求 $\Delta P > 0$，则需 $I_r > I^*$，其中 I^* 为正值且足够大，即

$$I_r > I^* > \left[N_r (\sigma_r^2 + \sigma_n^2) - N \sigma_n^2 \right] \Big/ \tau \left\{ \alpha \left[uD - (1/2) \upsilon D^2 \right] - \omega \right\} \quad （6.16）$$

其中，I^* 表示投资者人数下限的一个临界点。

将 ΔP 对 I_r 求导可得

$$\partial \Delta P / \partial I_r = -\omega / I > 0 （其中， \omega < 0 ） \quad （6.17）$$

上述结论表明，若时间、金额、平台等因素不变，则市场环境中社会责任投资者的数量将是决定市场反应的关键因素，即只有当市场中具有CSR 意识的社会责任投资者数量足够多时，企业通过慈善捐赠才能获取市场的正向反应，且社会责任投资者数量越多，获取的正向反应提升越大。市场反应与 CSR 的正向关系，如图 6.1 所示。

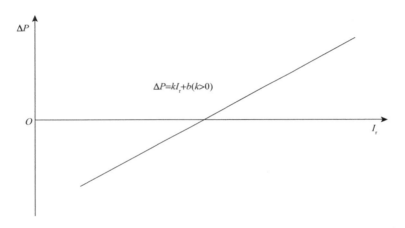

图 6.1　市场反应与 CSR 的正向关系

因此，市场的 CSR 理念越强，企业越能够通过慈善捐赠获得价值收益。而且，市场中 CSR 理念越强，企业在进行 CSR 战略规划时，越可能通过慈善行为得到社会公众的认可与支持，以利于自身发展。因而，结合企业的自身特征，制订独具特色的 CSR 实践方案就显得尤为重要，尤其在一些特殊事件背景下，如自然灾害等。这类重要突发性事件会使市场投资者着重关注相关企业的行为举动，CSR 投资理念也将陡然增强，CSR 行为特征将对行为后果产生更加显著的影响。

定理 6.2：给定其他条件不变，当存在较少捐赠企业时，市场会对捐赠企业做出正向反应；捐赠企业越少，市场的正向反应程度越高。

由式（6.15）可得，当四个自变量中的 I_r、D 和 α 保持不变时，若要 $\Delta P > 0$，则需 N_r 的值保持足够小，即

$$N_r < N^* = \frac{I_r\tau\left\{\alpha\left[uD - (1/2)\upsilon D^2\right] - \omega\right\} + N\sigma_n^2}{(\sigma_r^2 + \sigma_n^2)} \qquad (6.18)$$

且将 ΔP 对 N_r 求导可得

$$\partial\Delta P / \partial N_r = -1/I\tau\sigma^2 < 0 \qquad (6.19)$$

式（6.18）表明，在一个环境相对稳定的市场中，自然投资者与社会责任投资者各自所占的规模保持不变（I_r 不变），企业借助的平台不变（α 不变），进行固定金额（D 不变）的慈善捐赠时，进行慈善捐赠的企业数量越少，该类企业越容易获得市场反应的提升。

假定众多企业均对同一重大事件进行了慈善捐赠，那么捐赠企业捐赠信息发布时间的排序可以用捐赠企业的数量 N_r 来描述，N_r 越小，即此时捐赠企业数量越少，则代表企业的捐赠信息发布时间越早。反之，N_r 越大，即捐赠企业数量越多，则代表企业的捐赠信息发布时间越晚。因此，在实际捐赠中，定理 6.2 表明，在一个相对稳定的市场环境中，自然投资者与社会责任投资者各自所占的规模保持不变（I_r 不变），企业借助的平台不变（α 不变），进行固定金额（D 不变）的慈善捐赠时，企业的捐赠信息发布时间较早，市场会对捐赠企业做出正向反应；捐赠信息发布时间越早，市场的正向反应程度越高，如图 6.2 所示。

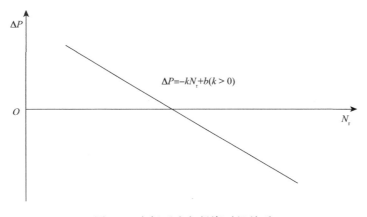

图 6.2　市场反应与投资时机关系

　　因此，在实际事件中，率先发布慈善捐赠信息的企业更容易获得正向的市场反应。这是因为越早发布慈善捐赠信息的企业越容易抢占固定规模社会责任投资者的投资先机，从而较大可能地提升市场反应。其他后续跟进的企业只能平分并稀释剩余社会责任投资者所带来的投资红利，由此将促使企业采取"先发制人"的 CSR 宣传策略。

　　定理 6.3：给定其他条件不变，市场对捐赠金额的反应会受到企业自身绩效的影响，其市场反应程度与捐赠金额呈倒 U 形关系。

　　现考虑 $\Delta P > 0$，当四个自变量中的 I_r、N_r 和 α 保持不变，即

$$-\frac{1}{2}\upsilon D^2 + uD + C > 0 \tag{6.20}$$

其中，$C = -\frac{1}{\alpha}\left\{\frac{1}{I_r\tau}\left[N_r(\sigma_r^2 + \sigma_n^2) - N\sigma_n^2\right] + \omega\right\}$。

　　因此，若要使上述方程有解，则可求得

$$\frac{u - \sqrt{u^2 + 2\upsilon C}}{\upsilon} < D < \frac{u + \sqrt{u^2 + 2\upsilon C}}{\upsilon}，且 u^2 + 2\upsilon C > 0 \tag{6.21}$$

　　当其他条件（I_r、D 和 α）不变时，将 ΔP 对 D 求导可得

$$\frac{\partial \Delta P}{\partial D} = -2k_2D + \left(Kk_2 - \frac{I_r}{I}\upsilon\right) \tag{6.22}$$

　　由此可知，市场反应将受到企业资金流 K 及生产参数 k_1 和 $k_2(k_1 > 0, k_2 > 0)$ 等自身条件的影响，而且企业履行慈善捐赠后市场反应程度与慈善捐赠金额呈开口向下的抛物线分布，即在一定的捐赠金额之内，企业捐赠越多，获得的市场反应提升空间越大；当金额到达某一最优值之后，企业的市场反应则会下降（图 6.3）。

　　这可能是因为投资者仍然是以盈利为本质的理性目的。获取利润是企业经营的首要目标。适度履行慈善捐赠可以建立良好的信任和声誉，为企业建立优势，但如果企业不顾自身经济实力，盲目地以大金额捐赠，反而会损害投资者的基本利益，继而引发负向市场反应。因此，捐赠金额大小与企业市场反应提升并无明显的正相关性，只有理性的捐赠数额才可以使企业正向市场反应最大化，这一结论验证了 Bowman 和 Haire（1975）、

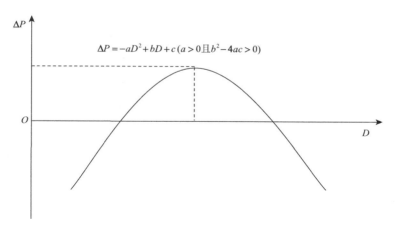

$$\Delta P = -aD^2 + bD + c\,(a > 0\,且\,b^2 - 4ac > 0)$$

图 6.3　市场反应与企业经济实力的关系

Sturdivant 和 Ginter（1977）、Lankoski（2008）的有关 CSR 与财务绩效之间的关系不是一种简单的线性关系的结论，而是存在一种类似于倒 U 形的关系，这与"捐赠金额与企业市场反应有明显正相关性"的研究结论有一定区别。

综合定理 6.2 和定理 6.3 可知，企业在进行慈善捐赠后的市场反应与其自身情况（经济实力）及捐赠行为特征（时间、金额）密切相关。因此，不同的企业在实施类似的 CSR 活动时，其效果可能迥然不同。一方面，市场中社会责任投资者对企业的 CSR 的投资意愿是客观存在的，不随企业意志的转移而转移，但企业能够通过不同的捐赠行为特征产生不同的市场效应；另一方面，投资者对 CSR 的投资意愿也会结合实际情况，不会一概而论。

定理 6.4：给定其他条件不变，当企业与公信力较高的捐赠平台合作时，市场会对捐赠企业做出正向反应；捐赠平台公信力越高，市场的正向反应程度越高。

当 $\Delta P > 0$ ，且 I_r、N_r 和 D 保持不变时，即

$$\alpha > \left\{ \frac{1}{I_r\tau}\left[N_r(\sigma_r^2 + \sigma_n^2) - N\sigma_n^2 \right] + \omega \right\} \Big/ \left[uD - (1/2)\upsilon D^2 \right] \tag{6.23}$$

将 ΔP 对 α 求导可得

$$\frac{\partial \Delta P}{\partial \alpha} = \frac{I_r}{I}\left[uD - (1/2)\upsilon D^2 \right] > 0 \tag{6.24}$$

　　由定理 6.4 可知，借助第三方捐赠平台来实施捐赠行为将可能影响投资者对企业 CSR 行为的反应。当捐赠平台公信力因子足够大时，企业有可能借助捐赠平台得到更好的市场反应。企业慈善捐赠的市场反应提升与捐赠平台的公信力因子成正比，即捐赠平台公信力越高，市场的正向反应程度越高。设企业与捐赠平台合作下所获取的市场反应为超额市场效应，而当企业慈善捐赠并没有第三方平台参与时，则公信力因子为 1，表示企业仅获取正常的市场效应（图 6.4）。

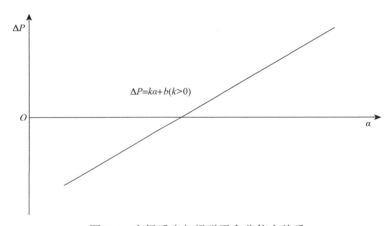

$$\Delta P = k\alpha + b(k>0)$$

图 6.4　市场反应与捐赠平台公信力关系

　　企业与捐赠平台合作之所以能够带来超额市场效应，根本在于投资者能够通过平台充分了解企业的 CSR 信息。当企业在履行慈善捐赠（时间、金额、市场固定）时，假定捐赠平台分为政府平台和非政府组织平台。同时，假定在半强形式有效市场中，投资者仅能对企业已发布信息做出有效反应，具体到企业实际慈善捐赠中，由于投资者无法获取企业捐赠详情，继而无法得知其真实性和透明性。捐赠信息的不对称导致投资者未能充分肯定慈善捐赠效果，而作为第三方的捐赠平台则正好能弥补上述情形。第三方捐赠平台在慈善救助领域具有专业性与组织性等优点，它不仅可以成为救灾慈善资源提供者和需求者之间的中介与桥梁，还能够最大限度地募集慈善资源，并以最优效率输送慈善资源。与捐赠平台合作将能充分提高慈善透明度，宣传企业的社会形象和声誉，有效提升投资者对企业捐赠真实性和透明性的认可，进而增加社会责任投资者的精神效用。捐赠平台公信力（α）越高，对责任企业宣扬的程度就越大，进而吸引社会责任投资者高度关注，提升企业市场反应效果。

第三节　数据来源及基本分析

研究表明，当企业履行 CSR 满足消费者的期望时，可以提高消费者对企业产品的评价，提高消费者满意度和消费者忠诚度，增加消费者购买意向（Brown and Dacin，1997）；当企业履行 CSR 满足合作方和雇员等社会责任期望时，其传递出的声誉资本增强了企业获得更具吸引力合约的能力、吸引潜在雇员的能力、为产品制定高价及降低资本成本的能力（Gardberg and Fombrun，2006）；前文通过模型简单描述了当企业履行 CSR（慈善捐赠）满足投资者期望时的市场反应，这一推理印证了相关学者的研究结论。Heinkel 等（2001）构建了投资者对抗污染型企业的模型，并指出当市场中存在足够多的反对污染的投资者时，污染型企业将被迫进行除污清洁，该研究阐述了投资者与 CSR 相互影响的机理。燕波等（2009）得出，虽然慈善捐赠减少了企业的现金流量，并导致股票的每股收益下降，但由于企业得到投资者的价值认同，依然能够在资本市场实现较高的企业价值，需要进一步进行实证数据的检验。

企业投资者将自己的资本以现金或资产方式投入企业，企业经营者运用投资者投入的资本进行经营。投资者与企业之间既是一种委托代理关系，也是一种控制与被控制的关系（明阳，2009）。企业的经营者不仅有责任在法律法规允许的范围内利用投资者投入的资本为其创造物质和精神财富，更有义务不断完善企业的经营状况和环境，吸引更多新投资者进入，并以此推高企业股价，使原有投资者得以获利。综上，当市场中的投资者存在社会责任期望时，企业若履行 CSR 既能够维护原有投资者的投资利益，又可以向外界传递出良好的 CSR 意识，以吸引新的投资者进入；企业若不履行 CSR 将会损害投资者的投资利益，继而引发投资者撤离。也就是说，投资者不仅可以通过对股票的买入持有来激励积极履行 CSR 的企业，同时能够通过卖空对不履行 CSR 的企业产生威慑。

一、研究假设

定理 6.1 的结论表明，企业慈善捐赠后的市场反应与社会责任投资者的数量密切相关。而对实际证券市场来讲，社会责任投资者主要包含拥有 CSR 投资理念的社会责任投资基金和个体投资者。

孙硕（2011）指出，社会责任投资在投资领域和决策中结合了社会与环境的考量，投资者在做出一个投资决策时，不仅需要考虑其经济回报，还需要将利益相关者的权益、社会和环境因素等考虑在内。通过正面筛选与负面筛选，社会责任投资为企业提供了在社会责任方面超过竞争对手从而赢得市场份额、提高相对股价的机遇（Starr，2008）。而社会责任投资基金改变企业行为的一个重要逻辑是，社会责任投资者通过购买履行 CSR 的公司的股票，同时抵制无视 CSR 的公司的股票，使前者的资本成本低于后者，企业为了降低资本成本就会改变行为，履行 CSR。

CSR 投资理念近年来逐渐受到海内外投资界的认可，社会责任投资基金的发展也令人瞩目。中国香港地区的社会责任投资基金在亚洲地区发展相对较早，截止到 2016 年已接近 50 只，颇具规模。另外，中国香港地区的慈善机构、宗教团体和教师等都是社会责任投资者基金的主流投资者。而社会责任投资近年来也被逐步引入中国内地，2008 年 4 月，兴业全球基金管理有限公司发行中国首只社会责任基金——兴业社会责任基金，到 2014 年底，标准定义下的社会责任投资基金有 21 只，和主题相关的社会责任投资基金有 12 只，基金总规模接近 300 亿元。由此可以看出，中国内地和中国香港地区都已具备初始规模的社会责任投资基金，但香港地区的发展更为完善。而关于拥有 CSR 投资理念的个人投资者，当重大灾害发生时，社会各界舆论将会不约而同地聚焦在企业捐赠方面，社会中的责任投资意识更是会在此时显著增强（燕波等，2009）。因此可以推断，中国市场中存在大量具有社会责任投资意识的投资者。相对国内市场，以国际投资者为主的中国香港市场总体上更加具有 CSR 投资理念，也更关注企业的社会责任（沈红波等，2012）。

由于慈善捐赠事件中，上述 CSR 投资理念的强烈存在，投资者对企业存在社会责任期望。因此，本章推断，在面对企业慈善捐赠时，包括中国内地和中国香港在内的 A 股和 H 股市场均做出正面反应，且由于香港地区证券市场中社会责任投资基金发展较为完善，其社会责任投资意识较中国内地而言更为强烈，所以 H 股对企业慈善捐赠所做出的正面反应程度较 A 股而言也更高。

假设 6.1：A 股和 H 股市场均会对企业慈善捐赠做出正面反应，且 H 股的反应程度更高。

另外，当履行 CSR 行为已成为企业不可回避的事实时，企业即会尤为关注 CSR 行为是否能转化为外在宣传因素，对自身未来的经营发展起到有益的帮助，并最好能够转化为真实的市场反应和盈利收益。模型分析中，不同的捐赠信息发布时间和不同捐赠金额等会使投资者对此做出不同的市场效应。在赈灾救援之时，不同企业做出不同的捐赠行为确实会引发公众不同的关注程度，继而对企业的产品形象和市场反应产生不同的影响。例如，山立威等（2008）通过汶川地震等数据进行实证分析，进而得出企业捐赠信息发布时间、捐赠金额等与其市场反应的相关性。其中，在地震发生后越早进行慈善捐赠的企业越能够获得较高的市场反应提升。这是因为灾害发生的第一时间往往是信息传播的信息爆炸点，大量媒体将会聚焦此时的灾区救援状况，而能够在此时进行捐赠的企业更容易获取媒体较高的曝光度，继而获得投资者和舆论支持。此外，企业的捐赠金额也与其市场反应波动密切相关，对此学术界却有意见分歧。一方认为，捐赠金额是企业履行慈善捐赠的第一特征，其与企业市场反应存在相关性；另一方认为，市场投资者在关注企业捐赠金额的同时，更关注捐赠额度在企业总利润中所占的比例（即企业相对捐赠金额）。不同企业的规模利润和行业背景均不相同，因此企业相对捐赠金额更能体现捐赠的"真实性"。

接下来，本章将在上述研究的基础上，提出以下假设，并采用芦山地震的企业捐赠数据对企业捐赠行为特征与市场反应的关系进行实证检验。

假设6.2：给定其他条件不变，市场反应程度与企业捐赠信息发布时间有显著负相关性。

假设6.3：给定其他条件不变，市场反应程度与企业绝对捐赠金额无明显相关性。

假设6.4：给定其他条件不变，市场反应程度与企业相对捐赠金额有显著相关性。

由于灾区慈善捐赠的复杂性与特殊性，捐赠物资均需由政府部门统一分配与调度。因此，企业通常将捐赠物资送达政府相关部门或非政府组织等捐赠平台①。公信力是该类捐赠平台存在的基本前提，也是影响慈善形象与慈善捐赠的关键因素。捐赠平台的公信力与社会公众的认可度、支持度和信任度密不可分。公信力较高的捐赠平台能够充分赢得公众信任，并维护捐赠者利益；捐赠平台公信力的缺失导致公众对其信任感下降，由此产生的"慈善失灵"将使捐赠者与捐赠平台的"代理捐赠契约"无法达成，继而损害捐赠者利益。因此，当企业进行慈善捐赠时，投资者将会对企业选择的捐赠平台做出有效反应，以凸显该平台是否会损害企业及自身利益。

结合定理6.4模型中"当企业与公信力较高的捐赠平台合作时，市场会对捐赠企业做出正向反应"的结论，本章把非政府组织及政府作为不同类型的捐赠平台：一组为公信力因子较高的民间非政府组织；另一组为公信

---

① 虽然捐赠平台主要分为政府和非政府组织两类平台，但由于系列负面事件的影响存在，企业多数选择通过非政府组织进行善款捐赠。中国的非政府组织机构又分为官办非政府组织和民间非政府组织。学者将依托政府部门建立的红十字会、慈善总会等归纳为官办非政府组织，将民间诸如壹基金等独立运营的组织称为民间非政府组织。官办非政府组织依靠政府资源，享受较大的慈善权利，却存在贪污、腐败、不透明等弊端，尤其近些年来中国官办非政府组织的公信力不断下降。而民间非政府组织充分发挥自身独立自主性和公开透明性等优势，在抢险救灾中发挥日益广泛的作用，并越发受到广大人民的信任。

力因子较低的平台（官办非政府组织和政府被归为同类型）。由此可得，无论 A 股或 H 股市场，投资者都更加认同企业与公信力因子较高的民间非政府组织合作所进行的慈善捐赠行为。

假设 6.5：给定其他条件不变，市场反应程度与企业合作的捐赠平台有显著相关性。

二、数据来源与变量定义

为了检验上述假设，本章选取 2013 年芦山地震发生时在中国内地和中国香港地区上市的 A+H 股企业，共 85 家。其中，剔除在地震后捐赠物品或无明确捐赠金额的 45 家企业、受影响严重的 4 家保险企业、2 家 ST 企业、四川和重庆的 2 家企业，以及研究期间发布利多或利空消息的 2 家企业，最终样本企业为 30 个，再提取每个企业分别在中国内地和中国香港地区的股票价格指数，总样本数量为 60 个。选择上述数据的可行性原因如下。

首先，事件选择与模型中"发生在同一捐赠事件下"假定保持一致。选取芦山地震作为企业慈善捐赠的事件背景，可以避免企业的日常捐赠数据分散。由于捐赠动机和事件背景的不完全相同，其可对比性不高，但是当地震这一突发性严重灾害发生时，公众及投资者更容易集中从媒体获取相关信息，从而在一定程度上减轻了上述问题，并能对不同的企业慈善捐赠行为做出比较。芦山地震发生时，正值媒体舆论对政府慈善善款支出和红十字会存在的问题强烈关注之时，公众对政府及官办非政府组织的不信任感愈演愈烈，由此符合本章对捐赠平台与市场反应的研究目的。

其次，选择 A+H 股企业为研究对象，是为了控制企业慈善捐赠信息的质量对市场效应的影响。在模型分析的市场假设中，设市场半强式有效，企业将能够充分并完整地披露自身的慈善捐赠信息[①]。但目前中国 A 股市场的 CSR 信息披露大多数还属于自愿性披露范围，因而投资者存在证券市场

---

① 这是因为根据信号传递模型，通过完整地披露企业真实捐赠信息，可以减少投资者对企业前景的不确定性和对企业的误解，继而纠正市场对企业股票的错误定价，企业的价值就会得到正确的估计。

上的信息不对称和逆向选择问题。杜帅君等（2012）的研究表明，得益于中国香港证券市场成熟的法律和体制因素，A+H 股上市企业的 CSR 信息披露情况更为完善。因此，选择 A+H 股企业为研究对象能够避免慈善捐赠信息的质量问题。

　　企业的捐赠金额和捐赠平台等信息分别由各上市公司网站获得，未在网站上公布的公司，考虑到网络媒体的及时性和易操作性，通过搜索和对比中文门户网站的相关新闻报道获得。其中，在上海证券交易所或深圳证券交易所上市的公司股票价格和相应的沪深综合指数由国泰安经济金融研究数据库获得，在中国香港地区上市的公司股票价格和相应恒生指数由新浪财经数据库获得。

　　研究中涉及的主要研究变量及说明见表 6.2。

表 6.2　主要研究变量及说明（二）

变量类型	名称	变量描述	变量定义
因变量	CAR_A	A 股累计异常收益率	事件窗口期内，企业在 A 股市场的异常收益率之和
	CAR_H	H 股累计异常收益率	事件窗口期内，企业在 H 股市场的异常收益率之和
自变量	DONA	企业绝对捐赠金额	企业捐赠金额的数值
	DONA#	企业相对捐赠金额	企业捐赠金额除以企业总利润
	TIME	捐赠信息发布时间	企业捐赠发布日期减去事件发生日
	WAY	捐赠平台	企业捐赠与民间非政府组织合作时数值为 1，与官办非政府组织和政府合作时数值为 2
	eps	每股收益	A 股和 H 股每股收益相同，即同股同酬同价
	lev	资产负债率	企业总负债除以企业总资产

三、数据的统计与分析

　　A+H 股是既作为 A 股在上海证券交易所或深圳证券交易所上市，又作为 H 股在香港联合交易所上市的股票。截止到芦山地震发生时，共有 85 家企业在 A+H 股交叉上市。按捐赠信息发布质量来看，履行慈善捐赠的 30 家企业全部发布了完善的慈善捐赠公告（包含主体、时间、金额等关键性因素），部分企业还在媒体报道中对整个捐赠事件做了较为详细的描述。

　　从捐赠信息发布时间来看，超过半数企业在芦山地震发生后的三天内投入抗震救灾的支援之中。这表明多数企业具有应急预案，此次地震发生后，众多企业都在第一时间驰援芦山。

按绝对捐赠金额来看，A+H 股企业的全部捐赠金额达 2 亿元左右，且 30 家样本企业的平均捐赠金额为 654 万元。其中，最大捐赠额为 1 500 万元，最小捐赠额为 10 万元，二者数值相差较大；捐赠额小于 100 万元的仅有 2 家企业，占总数的 7%。绝对捐赠金额可能是不同企业间规模与盈利的巨大差异所导致的，也可能是各家企业的慈善理念不尽相同导致的。

从相对捐赠金额来看，各家企业相对捐赠金额的差距并不十分明显。在 30 家样本企业数据中，并无企业相对捐赠金额超过 1%。而有的企业相对捐赠金额为负数的情况表明，某些企业在处于亏损的状态下依然进行了慈善捐赠。上述内容印证了 Ma 和 Parish（2006）在研究中发现的关于 CSR 与政治关联的观点，即承担 CSR 很可能是管理者为了维系政治联系的一种手段。

从捐赠平台来看，令与民间非政府组织属性平台合作时数值为 1，与政府属性的非政府组织合作时数值为 2，发现中位数为 2。这表明 30 家样本企业在慈善捐赠过程中仍然只有少数与民间非政府组织合作，即民间非政府组织在企业慈善捐赠中的存在感仍然不强，这与中国目前非政府组织的发展情况基本吻合。

企业捐赠数据见表 6.3。

表 6.3　企业捐赠数据

变量	均值	方差	最小值	中位数	最大值
TIME	2.23	2.94	0	2	6
DONA	6 540 667	1.59×10^{13}	100 000	5 500 000	15 000 000
DONA#	0.001 8	6.92×10^{-6}	−0.000 6	0.001 0	0.009 3
WAY	1.83	0.14	1	2	2

表 6.4 报告了主要变量的 Pearson 相关系数。企业在 A 股的累计异常收益率与在 H 股的累计异常收益率在 5%水平上呈显著正相关关系。CAR_A 与 DONA 不存在明显相关性，但 CAR_A 与 DONA#存在显著正相关关系，CAR_A 与 TIME 存在显著负相关关系。CAR_H 与上述自变量之间的相关性与 CAR_A 的相似。值得注意的是，CAR_A 与 WAY 在 5%水平上呈显著相关

关系，CAR_H 与 WAY 在 1%水平上呈显著相关关系。除此之外，其余自变量之间的相关系数最大值为 0.355，表明模型不存在严重的多重共线性问题。

表 6.4 主要变量的 Pearson 相关系数

变量	CAR_A	CAR_H	DON_A	DON_A#	TIME	WAY	eps	lev
CAR_A	1							
CAR_H	0.655**	1						
DONA	−0.074	−0.100	1					
DONA#	0.809***	0.548***	0.001	1				
TIME	−0.331**	−0.314**	0.017	−0.140	1			
WAY	−0.297**	−0.44***	0.267	−0.086	−0.097	1		
eps	−0.049	0.164	−0.189	0.159	−0.284	−0.263	1	
lev	−0.247	0.002	−0.347	0.355	0.123	−0.046	−0.088	1

$**p < 0.05$，$***p < 0.01$；t 检验

第四节 实证检验及结论分析

一、对市场反应的单因素检验结果

为验证假设 6.1，本章根据 30 家样本企业在 A 股市场和 H 股市场中累计异常收益率的不同，比较中国内地和中国香港地区的投资者和市场对企业慈善捐赠的反应及差异。结果显示：在发布捐赠信息后，A 股市场的 30 家企业中有 25 家企业的累计异常收益率为正值，样本企业的平均累计异常收益率 0.014 为正值，且在 1%水平上显著（$p = 0.004$，双尾），说明 A 股市场对企业慈善捐赠活动能够引起正相关性的市场反应。而事件期内，30 家企业在 H 股的累计异常收益率中有 27 家为正值，样本企业的平均累计异常收益率 0.031 为正值，且在 1%水平上显著，这证实了以国际投资者为主的 H 股市场同样对履行慈善捐赠企业的市值表现出正面反应，且其反应程度比 A 股更为强烈。

从图 6.5 和图 6.6 中的数据对比 A 股市场和 H 股市场股票的累计异常收

益率可以看出：企业在 A 股和 H 股市场的累计异常收益率均表现出相似的正向市场波动性，这反映出 A 股和 H 股市场的股价数据变动存在一定的协同关系。但与此相对，A 股和 H 股市场也存在分割现象。30 家样本企业中只有 7 家在 A 股市场的累计异常收益率高于 H 股市场，其余 23 家企业在 H 股市场获得更高的市场反应，即 H 股市场明显比 A 股市场表现出更强烈的正向反应。

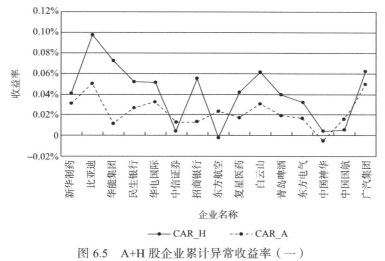

图 6.5　A+H 股企业累计异常收益率（一）

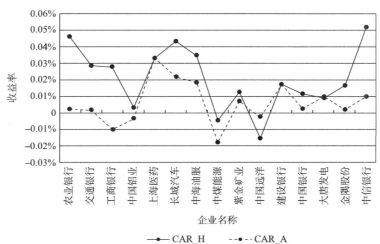

图 6.6　A+H 股企业累计异常收益率（二）

通过分析 30 家样本企业在进行慈善捐赠后的事件期（0,4）内所引起的

A 股和 H 股累计平均异常收益率（cumulative average abnormal return，CAAR），
进行进一步验证假设（表 6.5）。

表 6.5　累计平均异常收益率

事件期	CAAR_A	CAAR_H
0	0.009 3	0.015 3
1	0.006 1	0.021 7
2	0.005 8	0.014 7
3	0.010 3	0.028 7
4	0.013 0	0.031 0
t 值		$t=-5.33$***

***$p < 0.01$；t 检验

　　无论是在 A 股市场，还是在 H 股市场，均可发现，30 家企业在捐赠后
的五天事件期内所获得的累计平均异常收益率均为正值，即表明中国内地
和中国香港地区市场均认同企业这一慈善行为，并做出了积极反应。这也
印证了企业慈善行为能够提升公众对企业品牌和产品的认可，进而提升市
场对企业的正向反应。

　　除此之外，30 家 A+H 股企业进行市场捐赠后，最终在 A 股获得的累计
平均异常收益率为 0.010 3，在 H 股获得的累计平均异常收益率为 0.028 7，
且二者能通过显著性检验。由上述数据分析可知，尽管地震发生地位于四
川区域，但以国际投资者为主的 H 股市场中投资者对企业捐赠行为的反应
却远超同一事件中 A 股市场投资者的反应。这也表明，在目前中国内地和
中国香港地区证券市场所处市场环境、社会意识和责任理念不同的情况下，
其对 CSR 的反应存在较大差别。

　　综上所述，慈善捐赠企业 H 股的市场反应明显强于 A 股，即以国际投
资者和机构投资者为主体的 H 股市场对社会责任投资更为重视，对企业履
行慈善捐赠的反应也更为积极，符合假设 6.1。这也印证了近年来 CSR 的国
际发展趋势，在欧美发达国家，投资者已愈加关注 CSR 对企业盈利及发展
的影响，他们发起了社会责任投资运动，倡导"道德投资"。通过剔除 CSR

方面表现不佳的企业股票来给企业施加压力，促进企业自觉承担相应的 CSR，从而实现企业与社会的可持续发展。

二、对企业捐赠信息发布时间的单因素检验结果

通过前文对捐赠信息发布时间的描述可以看出，芦山地震灾情发生后的三天（2013 年 4 月 20 日至 4 月 22 日）为信息发布最为集中的时间段，本章以地震后的第四天（4 月 23 日）为界，将参与捐赠的企业分为两组：将捐赠信息发布在 4 月 23 日及以后定义为捐赠较晚，在此前的为较早。研究显示，无论是 A 股市场还是 H 股市场，在地震发生后三日内发布慈善捐赠信息的企业累计平均异常收益率显著大于三日后发布慈善捐赠信息的企业累计平均异常收益率，实证结果见表 6.6。

表 6.6　捐赠信息发布时间的累计平均异常收益率

事件期	CAAR_A		CAAR_H	
	CAAR（1）	CAAR（2）	CAAR（1）	CAAR（2）
0	0.007 6	0.007 3	0.012 0	0.010 3
1	0.008 1	0.005 2	0.020 1	0.015 7
2	0.006 8	0.003 0	0.018 0	0.014 7
3	0.009 1	0.007 8	0.025 9	0.025 2
4	0.011 1	0.009 2	0.030 3	0.027 4
t 值	$t=3.34^{**}$		$t=4.05^{**}$	

$**p < 0.05$；t 检验

注：CAAR（1）为捐赠信息发布时间较早企业，CAAR（2）为捐赠信息发布时间较晚企业

在企业捐赠时期与市场反应的相关性上，捐赠信息发布时间较早的企业能够显著获得较高的市场收益。这表明无论在 A 股市场或是 H 股市场，企业慈善捐赠均存在一定的"价值先机"。由模型分析可知，在市场社会责任理念固定时（即现实中在某一固定事件下），企业市场反应先机是一种相对静态的变化。但是这种静态变化会在某一突发事件中，经舆论的过度关注和聚焦而被逐步放大。这同样表明企业慈善捐赠具有外部性的经济特征，即越早对公众发布捐赠信息的企业越能获得较高的正外部性。在实际情况下，企业对地震灾害的捐赠行为在地震发生当天得到电视、网络及其他各

类媒体强烈关注和广泛报道，而当市场中刚有企业进行慈善捐赠时，公众和媒体也更趋于对这些典型企业予以聚焦，从而使"捐赠信号"迅速且准确地被发送给投资者，推动企业股价的上扬。

然而，一旦企业把慈善捐赠当做一种事件营销，由于投资者、客户和员工很快会对这种"作秀"失去兴趣，企业的社会价值无法得到公众的长期认同，此时的捐赠不但是对投资者财富的挥霍（Porter and Kramer，2002），还会对长期的社会价值取向产生负面影响，即对长期社会福利产生一定程度的损害。在西方，各国政府普遍对企业捐赠的信息披露采取一定形式的规制，如只允许企业在年度财务报表中标注，而不能进行对外宣传。要克服"价值先机"形式的市场失灵，一方面需要政府充分利用市场、大众传媒、社会性动员等机制使公益成为一种社会文化，通过提高 CSR 理念水平，形成企业捐赠的激励源泉；另一方面还要完善慈善捐赠的信息披露机制，在保持企业可持续发展的基础上，鼓励企业长期参与社会公益事业，实现企业的 CSR 与经济动机之间的相互兼容。

三、对企业捐赠金额的单因素检验结果

本章从绝对捐赠金额和相对捐赠金额两个方面来研究 A 股与 H 股市场分别对企业慈善捐赠数值的反应。从前文捐赠数据的描述性统计中可得出，在芦山地震中，30 家样本企业的绝对捐赠金额的中位数为 550 万元，相对捐赠金额的中位数为 0.001 0。因此，在绝对捐赠金额中，以 550 万元为数值临界点，将捐赠企业依次分为两组：捐赠金额包括且大于 550 万元的捐赠较多企业、捐赠金额小于 550 万元的捐赠较少企业。同理，在相对捐赠金额中同样将捐赠企业分为两组：捐赠比例包括且大于 0.001 0 的捐赠较多企业、捐赠比例小于 0.001 0 的捐赠较少企业。

结果显示：在表 6.7 中，企业绝对捐赠金额与 CAAR_A、CAAR_H 均无明显相关性，这证明在 A 股和 H 股市场中，企业直接捐赠金额与企业市场反应并无正相关性，表明市场投资者能够衡量企业捐赠的综合信息从而

做出投资决策。这与李敬强和刘凤军（2010）的"在灾难事件中，市场反应与企业捐赠金额呈正相关关系"的结论有一定区别。在表 6.8 中，企业相对捐赠金额与 CAAR_A、CAAR_H 的相关分析存在近似结果，A 股市场对企业的间接捐赠金额有明显正向反应，且 H 股市场也存在正相关性。市场投资者在关注企业捐赠金额的同时，更关注捐赠额度在企业总利润中所占的比例。对应于 Hempel 和 Gard（2004）的研究观点，"调整后的捐赠比率（捐赠金额/营业收入）是比原始捐赠金额更好反映捐赠真实性的指标"。

表 6.7 绝对捐赠金额的累计平均异常收益率

事件期	CAAR_A		CAAR_H	
	CAAR（1）	CAAR（2）	CAAR（1）	CAAR（2）
0	0.009 2	0.008 5	0.013 2	0.015 5
1	0.006 7	0.007 1	0.019 8	0.019 5
2	0.005 3	0.006 0	0.013 4	0.014 7
3	0.009 8	0.010 1	0.023 2	0.026 7
4	0.011 6	0.012 9	0.028 7	0.027 9
t 值	$t=-1.22$		$t=-1.50$	

注：CAAR（1）为绝对捐赠较少企业，CAAR（2）为绝对捐赠较多企业

表 6.8 相对捐赠金额的累计平均异常收益率

事件期	CAAR_A		CAAR_H	
	CAAR（1）	CAAR（2）	CAAR（1）	CAAR（2）
0	0.003 0	0.012 7	0.009 3	0.016 1
1	0.003 7	0.008 6	0.012 1	0.021 9
2	0.003 5	0.008 9	0.007 8	0.016 7
3	0.006 2	0.014 2	0.016 3	0.030 7
4	0.006 1	0.019 3	0.019 5	0.031 5
t 值	$t=-5.43^{***}$		$t=-7.94^{***}$	

$***p < 0.01$；t 检验

注：CAAR（1）为相对捐赠较少企业，CAAR（2）为相对捐赠较多企业

根据以往研究可知，多数企业之所以对捐赠行为产生分歧，是因为大多数管理者把企业捐赠看做一种成本和风险，将商业利益和社会利益置于对立。但事实是，两者是可以相互兼容和依赖的。一方面，对某些缺乏 CSR 的企业，一旦社会责任理念转化为影响其生存的联合行动，并通过市场力量加以表达，就会形成影响其生存的环境压力。这些企业往往更易于遭受

员工离职、客户和投资者行使"用脚投票"的损失，原有的合作伙伴也可能倾向于采用更为苛刻的商业条款。另一方面，对积极承担 CSR 的企业，公众和舆论将给予其正面的评价，并树立起其良好的企业形象，这也有助于企业增强与员工、客户、供应商、社区乃至政府的关系。这些关系在长期内有助于企业降低其运营成本，并吸引更多投资者的青睐，这实质上使企业获得了在长期内更为强大和持久的价值认同。因此，企业更应从贴近战略的角度看待捐赠行为，而非传统的经济视角。

四、对企业捐赠平台的单因素检验结果

本部分将分析捐赠平台对企业股价累计异常收益率的影响。正如前文所提示的，企业在履行慈善捐赠时，可以将善款捐赠给政府或非政府组织。为了简便起见，将企业慈善捐赠公告中注明与民间非政府组织合作的 4 家划为一组，剩下与官办非政府组织或政府合作的 26 家全部划为另一组。表 6.9 的实证结果表明，虽然民间非政府组织对 CAAR_A 和 CAAR_H 都存在显著相关性，但对后者的显著性更高。因此，这也证实与公信力较强的民间非政府组织合作有助于提升企业的市场反应。除此之外，由于中国香港地区的非政府组织发展更为完善，投资者对非政府组织的认可程度更高，H 股市场对有民间非政府组织参与的慈善捐赠反应更为强烈。

表 6.9　捐赠平台的累计平均异常收益率

事件期	CAAR_A		CAAR_H	
	CAAR（1）	CAAR（2）	CAAR（1）	CAAR（2）
0	0.007 7	0.007 3	0.009 1	0.004 9
1	0.006 9	0.005 1	0.016 7	0.008 2
2	0.006 1	0.004 8	0.007 6	0.004 7
3	0.009 2	0.008 7	0.020 7	0.012 7
4	0.011 9	0.010 4	0.028 3	0.017 3
t 值	$t=3.96^{**}$		$t=4.67^{***}$	

$**p < 0.05$、$***p < 0.01$；t 检验

注：CAAR（1）为与民间非政府组织合作，CAAR（2）为与其他组织合作

非政府组织在慈善救助领域具有专业性与组织性等优点，它是救灾慈

善资源的提供者和灾区救灾资源需求者之间的中介与桥梁；能够最大限度地募集慈善资源，并以最优效率输送慈善资源。根据信号传递模型，企业与非政府组织合作将能依靠其公信力，充分提高慈善透明度，宣传企业的社会形象和声誉。因此，企业在进行慈善捐赠时，不仅要考虑捐赠时间和捐赠金额等自身捐赠行为，也要选择以非政府组织为主的合适的慈善捐赠平台，以此达到双赢。

五、企业捐赠行为特征的多元逐步回归检验

为了对上述单因素分析的结论做出进一步的检验，本章选用适用于小样本检验的多元逐步回归分析模型，采用 Matlab 软件的统计工具箱提供的多元逐步回归函数 stepwise 实现。由于本章的研究对象是 A+H 股企业，选取 CAR_A 和 CAR_H 分别作为因变量，将企业捐赠信息发布时间（TIME）、企业绝对捐赠金额（DONA）、企业相对捐赠金额（DONA#）和企业捐赠平台（WAY）等分别作为其自变量。除此之外，将企业每股收益（eps）和企业资产负债率（lev）两个指标作为控制变量，实证结果见表 6.10。

表 6.10　多元逐步回归分析结果

解释变量	模型（6.1）	模型（6.2）
DONA	−0.024 2	0.137 4
	（0.980 9）	（0.891 8）
DONA#	7.849 8***	4.484 6***
	（0）	（0.001 8）
TIME	−2.614 3**	−2.143 7*
	（0.014 7）	（0.041 6）
WAY	−2.702 2**	−3.179 9***
	（0.012 0）	（0.003 8）
eps	−0.552 6	0.494 8
	（0.585 6）	（0.625 1）
lev	0.362 2	1.494 7
	0.720 2	（0.147 5）

续表

解释变量	模型（6.1）	模型（6.2）
常数项	0.033 6***	0.090 7**
	（0.008 1）	（0.018 6）
调整 R^2	0.741 6	0.485 1
F 值	28.751***	10.105***

*$p<0.1$、**$p<0.05$、***$p<0.01$；t 检验

$$CAR\_A=\beta_0+\beta_1DONA+\beta_2DONA\#+\beta_3TIME+\beta_4WAY \qquad (6.25)$$
$$+\beta_5eps+\beta_6lev+\varepsilon$$

$$CAR\_H=\beta_0+\beta_1DONA+\beta_2DONA\#+\beta_3TIME+\beta_4WAY \qquad (6.26)$$
$$+\beta_5eps+\beta_6lev+\varepsilon$$

经过分析，剔除对模型影响不显著的变量，得到企业捐赠行为异质性与市场反应的模型。

$$CAR\_A=4.594\,5\times DONA\#-0.002\,3\times TIME-0.010\,9\times WAY+0.033\,6 \qquad (6.27)$$

$$CAR\_H=4.668\,5\times DONA\#-0.004\,4\times TIME-0.029\,4\times WAY+0.090\,7 \qquad (6.28)$$

上述的回归分析结果表明：（0，4）窗口期内，在不同的显著水平上，DONA#、TIME、WAY 分别与 CAR_A 和 CAR_H 呈显著性相关关系。也就是说，无论是在 A 股市场还是在 H 股市场，捐赠信息发布时间较早、相对捐赠金额较高、合作的捐赠平台公信力较高的企业，其正面市场反应程度较高。以上结果与单因素分析的结果保持一致。

第五节　稳健性检验

为保证结论的稳健性，本节对"调整累积异常收益"做了如下稳健性检验：采用常均值收益模型计算异常收益率，即将估计期内标的证券的平均收益率作为事件期内标的证券的正常收益率，用股票实际的日收益率减去对应的平均收益率再进行累积。

调整方法后的研究结果如表 6.11 所示。在发布捐赠信息后，A 股市场

中样本企业的平均累计异常收益率 0.012 为正值，且在 1%水平显著，H 股市场中样本企业的平均累计异常收益率 0.028 为正值，$p=0.002\ 4$（1%水平显著），其结果与前面基本一致。同样，关于企业捐赠行为的特征与市场反应的多元逐步回归检验结果均与前面基本一致。

表 6.11 稳健性检验

解释变量	模型（6.1）	模型（6.2）
DONA	−0.030 1	0.174 3
	（0.908 9）	（0.753 6）
DONA#	5.341 8**	5.684 6***
	（0.011 3）	（0.001 8）
TIME	−4.361 2**	−3.763 7*
	（0.022 8）	（0.039 7）
WAY	−3.113 1**	−2.967 3**
	（0.035 0）	（0.021 4）
eps	−0.613 2	0.535 4
	（0.609 1）	（0.665 7）
lev	0.298 1	1.113 2
	0.690 1	（0.135 4）
常数项	0.038 9***	0.080 4**
	（0.009 7）	（0.032 6）
调整 R^2	0.793 5	0.509 8
F 值	30.713***	15.501***

*$p<0.1$、**$p<0.05$、***$p<0.01$；t 检验

第六节 本 章 小 结

基于以社会责任投资来引导企业履行 CSR 的理念，本章从慈善捐赠的投资者角度来阐述其对企业市场反应的影响。

将投资者作为利益相关者，通过构建投资者效用函数，分析企业捐赠

后导致价值变动的机理。研究结果表明：①企业市场反应提升与市场环境存在显著相关性，市场中的社会责任投资者是影响企业慈善捐赠后市场效应的重要因素。只有在市场中具有 CSR 期望的社会责任投资者数量足够多时，企业通过慈善捐赠才能够获取市场反应的提升，且社会责任投资者数量越多，获取的市场反应提升越大。②企业市场反应提升与企业捐赠信息发布时间成反比。企业捐赠的时间越早，越可能带给企业市值的增加，率先履行慈善捐赠的企业更容易获得价值的提升。③企业市场反应提升与捐赠金额存在显著相关性。企业履行慈善捐赠后价值变化幅度与慈善捐赠金额呈倒 U 形，即在一定的捐赠金额之内，企业捐赠金额越多，获得的价值提升空间越大；而当捐赠金额达到某一最优值之后，企业的价值反而会下降。④企业市场反应提升与合作的捐赠平台的公信力成正比。企业与捐赠平台合作之所以能够带来超额市场效应，是因为满足了投资者对企业的 CSR 期望。

实证上，本章基于事件研究法，利用芦山大地震期间 A+H 股企业的慈善捐赠数据，分别对定理 6.2~定理 6.4 的三个模型分析进行检验。研究结果表明：①在地震中捐赠企业的 H 股异常变动数值为正值，且明显强于其在 A 股市场上的变动幅度，说明社会责任投资发展较为完备的 H 股市场会对慈善捐赠产生显著的正向反应，而 A 股市场的社会责任投资意识较弱，市场对此的反应不强。②在企业捐赠时期与市场反应的相关性上，捐赠信息发布时间较早的企业能够获得较高的市场收益。这表明无论在 A 股市场还是在 H 股市场，企业慈善捐赠均存在一定的"价值先机"。③市场在判断企业捐赠金额时，并不会仅仅依靠捐赠金额大小来作为参考标准，这是因为企业自身的规模及经营状况同样是一个指标，如果企业不顾自身经济实力，盲目地以大金额捐赠，反而会损害投资者的基本利益，导致负向市场反应。④随着以壹基金为代表的民间非政府组织的发展壮大，企业能够通过与之公开透明的合作，来增进投资者对企业慈善捐赠的信任度与关注度，继而提升市场反应。

通过模型与实证相结合的研究，不仅证实企业慈善捐赠的确能对企业市场反应带来深刻影响，还发现捐赠金额、捐赠顺序和捐赠平台等策略性捐赠行为能对企业市场反应带来显著变化，继而为企业制定符合自身利益最大化的捐赠策略提供一定的依据和建议。

第三篇　结论建议篇

　　本篇主要基于前文的研究结论，指出本书的研究不足，提出深化非政府组织与企业的相互合作，推进我国 CSR 建设的相关政策建议，同时提出下一步研究设想。

第七章　研究不足、对策建议和未来展望

第一节　研 究 不 足

　　本书主要围绕非政府组织参与 CSR 而产生的经济效应进行研究，研究表明，非政府组织参与企业的 CSR 建设的确能产生市场化效应，包括缓解融资约束的作用、集聚企业人力资源的作用、降低企业系统性风险敏感度的作用、差异化企业的市场反应的作用。本书基于信息不对称理论和利益相关者理论，对作用机理进行阐释和分析，并采用计量方法和数理模型进行进一步研究。研究表明，非政府组织参与 CSR 代表了企业对利益相关方的高度关注，同时，进一步缓解了企业与市场间的信息不对称程度，因此产生了本书中的四类市场化效应。

　　本书主要存在以下几方面研究不足：一是由于非政府组织的发展在我国还处于起步阶段，研究未能深入细分非政府组织的类型和行为模式，主要是研究合作模式下的市场化效应，这将是下一步深入研究的方向之一；二是由于时间和精力有限，本书主要研究了上市公司与非政府组织合作进行 CSR 建设的情况，没有涉及非上市公司，不得不说这是一大遗憾，未来将更深入地关注非上市公司；三是本书主要通过数理模型和计

量方法进行研究，没有采用案例研究方法，这是本书的不足之处，也是今后的努力方向。

第二节　对策建议

综合前文的研究，本书基于能够使非政府组织发挥应有的作用、更好地参与我国 CSR 建设的目的，提出以下几个方面的对策建议。

一、加强普及 CSR 投资理念，放大社会责任的市场效应

本书研究发现，资本市场和劳动力市场均对企业的 CSR 行为具有明显的反应，这表明我国的 CSR 建设已经取得了初步成效，有了进一步发展的土壤。企业的利益源于市场，而投资者、消费者和劳动者对企业行为的认知，将会对企业的市场效应产生明显的影响。因此，我们应该认识到，企业的 CSR 行为具有经济动机和道德动机相互兼容的内在逻辑，CSR 行为不仅有利于社会，也有利于企业自身的长期发展。企业履行 CSR 的真正动力，并不是外界法律法规的要求，而是在价值投资的机制下社会责任与企业市场反应的良性互动。这种互动依赖于 CSR 投资理念的普及和发展。通过 CSR 投资理念的普及，有意识地为那些关注社会责任的企业提供资金支持，助推兼顾社会目标和经济目标的企业成长壮大，通过放大 CSR 行为市场效应，进而推动社会的可持续发展。相信随着社会责任理念的进一步深入人心，以及社会责任投资基金的发展和相关社会责任指数的开发，未来的社会责任投资将会有更加广阔的空间。

二、增强培育非政府组织力度，提升非政府组织的影响力

从前文的研究结论中可以发现，虽然非政府组织在我国的发展尚处于

起步阶段，但其作用已经逐步显现，并且具有非常明显的市场化效应，对企业的基本要素积累具有重要作用。但我国非政府组织的发展还不成熟，一是非政府组织发展缺乏相应的活动资源；二是非政府组织的行动缺少系统的支撑；三是非政府组织自身的行动缺少全面的规划。这些原因共同导致非政府组织的行动规范性有限、影响力有限、公信力有限，对公众、媒体、政府的吸引力有限。前文的研究表明，决策机制不同、组织过程不同及制度化程度不同会对企业的 CSR 行为产生本质性影响，但由于 CSR 是一种无形的资源投入，短期回报并不明显，企业缺乏内生的动力，政府推动的交易成本过高，需要非政府组织的大力参与。我国应该加大对非政府组织发展的支持力度，将非政府组织发展过程中的决策、组织进行完备的机制设计，使之规范化、制度化，设立专门的责任基金，为非政府组织参与 CSR 建设提供良好的保障。政府部门可以从两方面着手：一是完善法律法规。政府应尽可能为非政府组织的行动创造条件，使更多的非政府组织处于受法律保护的状态，修改当前现行的《社会团体登记管理条例》，在其基础上制定统一的非政府组织法，并增加非政府组织内部管理和财产管理等相关的法律规定。同时，政府要树立支持、保障非政府组织参与公共管理的观念，使政府和非政府组织合作完成公共行政职能，避免"强政府、弱组织"的状况持续发生。二是提高非政府组织内部管理水平。要明确并认同非政府组织的非营利性和公益性，通过使命导向更好地服务于公益目标。建立合理的治理结构，有效激励引导，加强组织的能力建构，保持组织的独立性，以及多方的竞争与合作。

三、加强对企业的监督和管理，提升企业的社会责任水平

在企业的经济观念当中，企业经济利益与社会利益存在冲突，因此，很难依靠企业的内生动力去履行 CSR。在我国推进 CSR 建设过程中，需要加强对 CSR 的规范管理和实时监督，设计良好的运行机制，使 CSR 的信号能够更好地反映出企业的行为水平。应该针对企业的社会行为设立一

套较为完整的财政预算、资源调配、组织机构和活动计划等机制，设立专门的 CSR 部门具体组织和实施 CSR 行为，在实施的各个环节要有一套完整的规范程序，要有具体的人员负责与监督，以利于 CSR 项目和活动的管理与效果评估，在规范的策划管理下，相关支出的成本和收益易于判断，便于管理和披露，使企业的 CSR 行为更加透明，以进一步提升企业的 CSR 行为水平。

第三节　未来展望

基于本书的研究不足，结合相关领域的研究趋势，未来可深入的研究方向有以下三个方面：一是通过案例分析的方式，对非政府组织参与 CSR 建设的中国案例进行深入研究，探索案例背后的规律，为非政府组织和企业的 CSR 建设提供中国化理论支撑；二是进一步深化对非政府组织参与 CSR 活动的模式总结，通过细分不同类别的非政府组织类型，探索参与 CSR 建设的特征和方式，有利于发展不同类型的非政府组织；三是对非政府组织参与 CSR 建设的机制设计和政策研究，使之能够更好地促进中国背景下非政府组织参与 CSR 建设。

参 考 文 献

常征. 2008. 环境非政府组织政治参与比较研究——以德国、韩国和中国为例. 北京大学博士学位论文.

程德兴. 1998. 企业风险财务管理研究. 北京：石油工业出版社.

程红丹，郑永松. 2011. 非营利组织推动企业履行社会责任的作用机制研究. 改革与战略，（9）：53-55.

啜华，王月. 2013. 基于现金流量的企业偿债能力分析. 财会通讯，（11）：67-68.

崔秀梅. 2010. 企业社会责任战略和社会责任投资的对接、耦合. 财会月刊，（18）：6-8.

杜帅君，张新超，何丽梅. 2012. A+H 股与纯 A 股上市公司社会责任信息披露比较研究. 中国证券期货，（11）：18.

甘文传. 2006. 非政府组织：推行企业社会责任的保障——英国企业社会责任考察有感. WTO经济导刊，（4）：86-87.

郭友群，唐志芳. 2006. "社会责任标准"对我国的影响及对策. 商业研究，（9）：171-173.

何贤杰，肖土盛，陈信元. 2012. 企业社会责任信息披露与公司融资约束. 财经研究，（8）：60-71.

黄光，罗文恩，周延风. 2008. 非营利组织推进企业社会责任机理探析. 经济问题，（11）：73-76.

黄静，刘萍，张锐. 2015. 基于科学知识图谱的企业社会责任前沿研究. 科技进步与对策，（5）：84-89.

黄敏学，李小玲，朱华伟. 2008. 企业被"逼捐"现象的剖析：是大众"无理"还是企业"无良"？管理世界，（10）：115-126.

贾生华，陈宏辉，田传浩. 2003. 基于利益相关者理论的企业绩效评价——一个分析框架和应用研究. 科研管理，（4）：94-101.

姜虹. 2006. 企业集成风险管理范式构建：理论分析与运行架构. 中国工业经济，（6）：107-113.

李建伟，林志农，夏敏. 2010. 社会责任投资：公众公司社会责任实现的一种可行性机制探讨. 中共福建省委党校学报，（2）：44-51.

李敬强，刘凤军. 2010. 企业慈善捐赠对市场影响的实证研究——以"5·12"地震慈善捐赠为例. 中国软科学，（6）：160-166.

李楠，王阳帅. 2014. 经营利润率、股东收益与股票价格的价值相关性研究. 现代经济信息，19（3）：374.

李清伟. 2009. 非政府组织社会责任探析. 政治与法律，（2）：64-70.

刘凤军，李敬强，李辉. 2012. 企业社会责任与品牌影响力关系的实证研究. 中国软科学，（1）：116-132.

吕玉芹. 2008. 大力发展我国社会责任投资正当其时. 山东财政学院学报，（5）：39-41.

罗珊梅，李明辉. 2015. 社会责任信息披露、审计师选择与融资约束——来自A股市场的新证据. 山西财经大学学报，37（2）：105-115.

孟戈弋. 2009. 非政府组织、非营利组织与中国法下概念之比较研究. 华东师范大学硕士学位论文.

明阳. 2009. 企业社会责任与企业价值关系研究. 山东大学硕士学位论文.

欧平，周祖城，王漫天. 2011. 基于企业社会责任的消费者类型、特征及规模的实证研究. 系统管理学报，20（4）：441-447.

山立威，甘犁，郑涛. 2008. 公司捐款与经济动机——汶川地震后中国上市公司捐款的实证研究. 经济研究，43（11）：51-61.

尚立伟. 2010. 财务杠杆对企业财务风险控制的探讨. 企业导报，（6）：132.

沈红波，谢越，陈峥嵘. 2012. 企业的环境保护、社会责任及其市场效应——基于紫金矿业环境污染事件的案例研究. 中国工业经济，（1）：141-151.

施星辉. 2003. 企业公民——中国企业社会责任状况调查报告. 中国企业家，（1）：80-83.

孙硕. 2011. 全球企业社会责任与社会责任投资的理论辨析. 中国物价，（9）：60-64.

唐艳. 2011. 利益相关者导向下企业承担社会责任经济动因分析的实证研究综述. 管理世界，（8）：184-185.

万寿义，刘正阳. 2013. 制度背景、公司价值与社会责任成本——来自沪深300指数上市公司的经验证据. 南开管理评论，16（1）：83-91，121.

汪祖杰. 2001. 论我国资本输出政策性保险制度. 保险研究，（8）：13-16.

王建琼，何静谊. 2009. 公司治理、企业经济绩效与企业社会责任——基于中国制造业上市公司数据的经验研究. 经济经纬，（2）：83-86.

王名，李长文. 2012. 中国NGO能力建设：现状、问题及对策. 中国非营利评论，（2）：149-169.

王瑶. 2013. 中国共产党生态执政建设研究. 哈尔滨工业大学硕士学位论文.

魏农建，唐久益. 2009. 基于企业社会责任的顾客满意实证研究. 上海大学学报（社会科学版），16（2）：106-120.

温忠麟,叶宝娟. 2014. 有调节的中介模型检验方法:竞争还是替补. 心理学报,(5):714-726.

吴世农,韦绍永. 1998. 上海股市投资组合规模和风险关系的实证研究. 经济研究,(4):
　　21-29.

吴世农,冉孟顺,肖珉,等. 1999. 我国上市公司系统风险与会计变量之间关系的实证研究.
　　会计研究,(12):29-33.

肖翔,孙晓琳,谢诗蕾. 2013. 企业社会责任对融资约束的影响. 统计研究,(6):106-107.

燕波,王然,张耀辉. 2009. 公民意识、公司价值和企业捐赠行为研究. 南方经济,(5):3-13.

杨大梅,肖玉超. 2008. 国外 NGOs 的社会责任投资战略及其对我国的启示. 软科学,(1):
　　94-97.

杨家宁. 2007. 企业社会责任推动力量研究述评. 广东行政学院学报,(6):91-95.

杨家宁,陈健民. 2010a. 非政府组织在中国推动企业社会责任的模式探讨. 中国非营利评论,
　　(2):70-91.

杨家宁,陈健民. 2010b. 西方社会企业兴起的背景及其研究视角. 中国非营利评论,(1):
　　182-197.

杨肃昌,芦海燕,周一虹. 2013. 区域性环境审计研究:文献综述与建议. 审计研究,(2):
　　34-39.

袁诚. 2002. 消费者行为与产品替代的概率选择模型——北京冰箱市场的一个经验分析. 经
　　济学,(4):222-243.

张广玲,付祥伟,熊啸. 2010. 企业社会责任对消费者购买意愿的影响机制研究. 武汉大学
　　学报(哲学社会科学版),(2):244-248.

张胜荣,汪兴东. 2014. 法律法规、政府干预、民间组织对企业社会责任行为的影响及对策
　　建议——基于 225 个农业企业样本的实证研究. 西部经济管理论坛,(1):1-7.

张宗新,朱伟骅. 2010. 通胀幻觉、预期偏差和股市估值. 金融研究,(5):116-132.

赵龙凯,岳衡,矫堃. 2014. 出资国文化特征与合资企业风险关系探究. 经济研究,(1):70-82.

朱锦程. 2007. 政府、企业与社会三者关系中的中国企业社会责任监管机制. 社会科学战线,
　　(1):303-305.

Acharya V V,Amihud Y,Litov L P. 2011. Creditor rights and corporate risk-taking. Journal of
　　Financial Economics,102(1):150-166.

Acharya V V,Schnabl P,Suarez G. 2013. Securitization without risk transfer. Journal of
　　Financial Economics,107(3):515-536.

Ailawadi K L,Pauwels K,Steenkamp J B E M. 2013. Private-label use and store loyalty. Journal
　　of Marketing,72(6):19-30.

Ailawadi K L,Neslin S A,Luan Y J,et al. 2014. Does retailer CSR enhance behavioral loyalty?
　　A case for benefit segmentation. International Journal of Research in Marketing,31(2):
　　156-167.

Almeida H, Campello M, Weisbach M S. 2004. The cash flow sensitivity of cash. The Journal of Finance, 59 (4): 1777-1804.

Andreasen A R. 1996. Challenges for the science and practice of social marketing. AMA Winter Educators' Conference Proceedings, Chicago, Illinois, American Marketing Association, 7: 203.

Ang J S, Cole R A, Lin J W. 2000. Agency costs and ownership structure. Journal of Finance, 55 (1): 81-106.

Angela V D H, Driessen P P J, Cramer J M. 2010. Making sense of corporate social responsibility: exploring organizational processes and strategies. Journal of Cleaner Production, 18 (18): 1787-1796.

Arya B, Salk J E. 2006. Cross-sector alliance learning and effectiveness of voluntary codes of corporate social responsibility. Business Ethics Quarterly, 16 (2): 211-234.

Audi R, Audi P. 1995. The Cambridge Dictionary of Philosophy. Cambridge: Cambridge University Press.

Auger P, Burke P, Devinney T M, et al. 2003. What will consumers pay for social product features? Journal of Business Ethics, 42 (3): 281-304.

Barclay M J, Holderness C G, Sheehan D P. 2007. Private placements and managerial entrenchment. SSRN Electronic Journal, 13 (4): 461-484.

Barnea A, Heinkel R, Kraus A. 2013. Corporate social responsibility, stock prices, and tax policy. Canadian Journal of Economics/Revue Canadienne Déconomique, 46 (3): 1066-1084.

Beaver W, Kettler P, Scholes M. 1970. The association between market determined and accounting determined risk measures. Accounting Review, 45 (4): 654-682.

Bellusci F, Musacchio A, Stabile R, et al. 2008. Does it pay to be different? An analysis of the relationship between corporate social and financial performance. Strategic Management Journal, 29 (12): 1325-1343.

Bénabou R, Tirole J. 2010. Individual and corporate social responsibility. Economica, 77 (305): 1-19.

Bhattacharya C B, Sen S. 2004. Doing better at doing good: when, why, and how consumers respond to corporate social initiatives. California Management Review, 47 (1): 9-24.

Biehal G J, Sheinin D A. 2007. The influence of corporate messages on the product portfolio. Journal of Marketing, 71 (2): 12-25.

Blumemarshall E. 2006. An anatomy of morningstar ratings. Financial Analysts Journal, 54 (2): 19-27.

Bowman E H, Haire M. 1975. A strategic posture toward corporate social responsibility. California Management Review, 18 (2): 49-58.

Brekke K A, Nyborg K. 2008. Attracting responsible employees: green production as labor market screening. Resource and Energy Economics, 30 (4): 509-526.

Brown T J, Dacin P A. 1997. The company and the product: corporate associations and consumer product responses. Journal of Marketing, 61 (1): 68-84.

Brown W O, Helland E, Smith J K. 2006. Corporate philanthropic practices. Journal of Corporate Finance, 12 (5): 855-877.

Burchell J, Cook J. 2006. Assessing the impact of stakeholder dialogue: changing relationships between NGOs and companies. Journal of Public Affairs, 6 (3~4): 210-227.

Cabral L M B, Mata J. 2003. On the evolution of the firm size distribution: facts and theory. The American Economic Review, 93 (4): 1075-1090.

Campbell L, Gulas C S, Gruca T S. 1999. Corporate giving behavior and decision-maker social consciousness. Journal of Business Ethics, 19 (4): 375-383.

Carpenter R E, Petersen B C. 1998. Financing constraints and inventory investment: a comparative study with high-frequency panel data. Review of Economics & Statistics, 80 (4): 513-519.

Carroll A B. 1979. A three-dimensional conceptual model of corporate performance. Academy of Management Review, 4 (4): 497-505.

Chang C H. 2015. Proactive and reactive corporate social responsibility: antecedent and consequence. Management Decision, 53 (2): 451-468.

Chen J C, Patten D M, Roberts R W. 2008. Corporate charitable contributions: a corporate social performance or legitimacy strategy? Journal of Business Ethics, 82 (1): 131-144.

Chen L, Novy-Marx R, Zhang L. 2011. An alternative three-factor model. https://papers.ssrn.com/sol3/papers.cfm?abstract_id=1418117.

Cheng B, Ioannou I, Serafeim G. 2014. Corporate social responsibility and access to finance. Strategic Management Journal, 35 (1): 1-23.

Chevalier J A. 1995. Capital structure and product market competition: empirical evidence from the supermarket industry. The American Economic Review, 85 (3): 415-435.

Choi J, Wang H. 2009. Stakeholder relations and the persistence of corporate financial performance. Strategic Management Journal, 30 (8): 895-907.

Coles J L, Daniel N D, Naveen L. 2006. Managerial incentives and risk-taking. Journal of Financial Economics, 79 (2): 431-468.

Creyer E H. 1997. The influence of firm behavior on purchase intention: do consumers really care about business ethics? Journal of Consumer Marketing, 14 (6): 421-432.

Dan S D, Li O Z, Tsang A, et al. 2010. Voluntary nonfinancial disclosure and the cost of equity capital: the initiation of corporate social responsibility reporting. Social Science Electronic

Publishing, 86（1）: 59-100.

Dan S D, Radhakrishnan S, Tsang A, et al. 2012. Nonfinancial disclosure and analyst forecast accuracy: international evidence on corporate social responsibility disclosure. Social Science Electronic Publishing, 87（3）: 180-181.

Den Hond F, de Bakker F, Neergaard P, et al. 2007. Managing corporate social responsibility in action. Proceedings of the International Association for Business and Society, 45（1）: 79-80.

Doh J P, Guay T R. 2006. Corporate social responsibility, public policy, and NGO activism in Europe and the United States: an institutional-stakeholder perspective. Journal of Management Studies, 43（1）: 47-73.

Du S, Bhattacharya C B, Sen S. 2007. Reaping relational rewards from corporate social responsibility: the role of competitive positioning. International Journal of Research in Marketing, 24（3）: 224-241.

Egels-Zandén N, Hyllman P. 2006. Exploring the effects of union-NGO relationships on corporate responsibility: the case of the Swedish clean clothes campaign. Journal of Business Ethics, 64（3）: 303-316.

Fama E F. 1970. Efficient capital markets: a review of theory and empirical work. Journal of Finance, 25（2）: 383-423.

Farrell J L. 1997. Portfolio Management: Theory and Application. New York: The McGraw-Hill Companies Inc.

Faulkender M, Petersen M. 2012. Investment and capital constraints: repatriations under the American jobs creation act. Review of Financial Studies, 25（11）: 3351-3388.

Fombrun C J, Gardberg N A, Barnett M L. 2008. Opportunity platforms and safety nets: corporate citizenship and reputational risk. Business and Society Review, 105（1）: 85-106.

Francis J, Nanda D, Olsson P. 2008. Voluntary disclosure, earnings quality, and cost of capital. Journal of Accounting Research, 46（1）: 53-99.

Franke R H. 1992. The ultimate advantage: creating the high-involvement organization. The Executive, 7（1）: 105-106.

Freeman R E, Liedtka J. 1991. Corporate social responsibility: a critical approach. Business Horizons, 34（4）: 92-98.

Gardberg N A, Fombrun C J. 2006. Corporate citizenship: creating intangible assets across institutional environment. Academy of Management Review, 31（2）: 329-346.

Gardner D G, Pierce J L. 2016. Organization-based self-esteem in work teams. Group Processes and Intergroup Relations, 19（3）: 394-408.

Ghoul S E, Guedhami O, Kwok C C Y, et al. 2011. Does corporate social responsibility affect the cost of capital? Journal of Banking and Finance, 35（9）: 2388-2406.

Goss A, Roberts G S. 2011. The impact of corporate social responsibility on the cost of bank loans. Journal of Banking and Finance, 35 (7): 1794-1810.

Graafland J J, Eijffinger S C W, Smidjohan H. 2004. Benchmarking of corporate social responsibility: methodological problems and robustness. Journal of Business Ethics, 53 (1): 137-152.

Guay T, Sinclair G. 2004. Non-governmental organizations, shareholder activism, and socially responsible investments: ethical, strategic, and governance implications. Journal of Business Ethics, 52 (1): 125-139.

Hadlock C J, Pierce J R. 2010. New evidence on measuring financial constraints: moving beyond the KZ index. Review of Financial Studies, 23 (5): 1909-1940.

Harris I, Mainelli M, Grant P, et al. 2006. Predicting the effectiveness of grant-making. Strategic Change, 15 (2): 53-66.

Hawn O V. 2013. Organizational legitimacy: different sources – different outcomes? https://search. proquest.com/docview/1351346746.

Heinkel R, Kraus A, Zechner J. 2001. The effect of green investment on corporate behavior. Journal of Financial and Quantitative Analysis, 36 (4): 431-449.

Hempel J, Gard L. 2004. The corporate givers. Business Week, 29 (4): 100-104.

Hennessy C A, Whited T M. 2007. How costly is external financing? Evidence from a structural estimation. The Journal of Finance, 62 (4): 1705-1745.

Hull C E, Rothenberg S. 2008. Firm performance: the interactions of corporate social performance with innovation and industry differentiation. Strategic Management Journal, 29 (7): 781-789.

Ioannou I, Serafeim G. 2014. The impact of corporate social responsibility on investment recommendations: analysts' perceptions and shifting institutional logics. Strategic Management Journal, 36 (7): 1053-1081.

Jamali D, Zanhour M, Keshishian T. 2009. Peculiar strengths and relational attributes of SMEs in the context of CSR. Journal of Business Ethics, 87 (3): 355-377.

John K, Litov L, Yeung B. 2008. Corporate governance and risk-taking. Journal of Finance, 63 (4): 1679-1728.

Jones T M. 1995. Instrumental stakeholder theory: a synthesis of ethics and economics. Academy of Management Review, 20 (2): 404-437.

Kapstein E B. 2001. The corporate ethics crusade. Foreign Affairs, 80 (5): 105-119.

Ketchen D J, Shook C L. 1996. The application of cluster analysis in strategic management research: an analysis and critique. Strategic Management Journal, 17 (6): 441-458.

Kim H R, Lee M, Lee H T, et al. 2010. Corporate social responsibility and employee-company identification. Journal of Business Ethics, 95 (4): 557-569.

Kristof A L. 1996. Person-organization fit: an integrative review of its conceptualizations, measurement, and implications. Personnel Psychology, 49 (1): 1-49.

Lambell R, Ramia G, Nyland C, et al. 2008. NGOs and international business research: progress, prospects and problems. International Journal of Management Reviews, 10 (1): 75-92.

Lange D, Washburn N T. 2012. Understanding attributions of corporate social irresponsibility. Academy of Management Review, 37 (2): 300-326.

Lankoski L. 2008. Corporate responsibility activities and economic performance: a theory of why and how they are connected. Business Strategy and the Environment, 17 (8): 536-547.

Leach C W, Ellemers N, Barreto M. 2007. Group virtue: the importance of morality (vs. competence and sociability) in the positive evaluation of in-groups. Journal of Personality and Social Psychology, 93 (2): 234-249.

Lee D D, Faff R W. 2009. Corporate sustainability performance and idiosyncratic risk: a global perspective. Financial Review, 44 (2): 213-237.

Leibenstein H. 1966. Allocative efficiency vs. "X-efficiency". The American Economic Review, 56 (3): 392-415.

Lind E A. 2001. Fairness heuristic theory: justice judgments as pivotal cognitions in organizational relations//Greenberg J, Cropanzano R. Advances in Organization Justice. Stanford: Stanford University Press: 56-88.

Lind E A, Bos K V D. 2002. When fairness works: toward a general theory of uncertainty management. Research in Organizational Behavior, 24 (2): 181-223.

Lindskold S. 1978. Trust development, the GRIT proposal, and the effects of conciliatory acts on conflict and cooperation. Psychological Bulletin, 85 (4): 772-793.

Logsdon J M, Donna J. 2002. Business citizenship: from domestic to global level of analysis. Business Ethics Quarterly, 12 (2): 155-187.

Lowe P, Goyder J. 1983. Environmental Groups in Politics. London: Allen and Unwin.

Luce R A, Barber A E, Hillman A J. 2001. Good deeds and misdeeds: a mediated model of the effect of corporate social performance on organizational attractiveness. Business and Society: Founded at Roosevelt University, 40 (4): 397-415.

Lucea R. 2010. How we see them versus how they see themselves. Business Society, 49: 116-139.

Luetkenhorst W. 2004. Corporate social responsibility and the development agenda. Intereconomics, 39 (39): 157-166.

Lydon J E, Jamieson D W, Zanna M P. 2011. Interpersonal similarity and the social and intellectual dimensions of first impressions. Social Cognition, 6 (4): 269-286.

Lyon T P. 2007. Corporate social responsibility and the environment: a theoretical perspective.

Review of Environmental Economics and Policy, 2 (2): 240-260.

Ma D, Parish W L. 2006. Tocquevillian moments: charitable contributions by Chinese private entrepreneurs. Social Forces, 85 (2): 943-964.

Margolis M S. 1989. Markets or governments: choosing between imperfect alternatives. American Political Science Association, 83 (3): 1-8.

Marin L, Ruiz S. 2008. The evaluation of the business for the consumer according to CSR activities. Cuadernos De Economía Y Dirección De La Empresa, (35): 91-112.

Marin L, Ruiz S, Rubio A. 2009. The role of identity salience in the effects of corporate social responsibility on consumer behavior. Journal of Business Ethics, 84 (1): 65-78.

McWilliams A, Siegel D. 1997. The role of money managers in assessing corporate social responsibility. Journal of Investing, 6 (4): 98-107.

Mesure H. 2007. Managing corporate social responsibility in action: talking, doing and measuring. Society and Business Review, 2 (3): 332-334.

Mohr L A, Webb D J, Harris K E. 2001. Do consumers expect companies to be socially responsible? The impact of corporate social responsibility on buying behavior. Journal of Consumer Affairs, 35 (1): 45-72.

Mossin J. 1966. Equilibrium in a capital asset market. Econometrica, 34 (3): 349-360.

Muller A R, Kräussl R. 2007. Do markets love misery? Stock prices and corporate disaster response. Academy of Management Annual Meeting Proceedings.

Myers S C, Majluf N S. 1983. Corporate financing and investment decisions when firms have information that investors do not have. Journal of Financial Economics, 13 (2): 187-221.

Navarro P. 1988. Why do corporations give to charity? Journal of Business, 61 (1): 65-93.

O' Connor A, Shumate M. 2010. An economic industry and institutional level of analysis of corporate social responsibility communication. Management Communication Quarterly: An International Journal, 24 (4): 529-551.

O' Connor M, Spangenberg J H. 2008. A methodology for CSR reporting: assuring a representative diversity of indicators across stakeholders, scales, sites and performance issues. Journal of Cleaner Production, 16 (13): 1399-1415.

Patten D M. 2008. Does the market value corporate philanthropy? Evidence from the response to the 2004 tsunami relief effort. Journal of Business Ethics, 81 (3): 599-607.

Pelsmacker P D, Janssens W, Sterckx E, et al. 2005. Consumer preferences for the marketing of ethically labelled coffee. International Marketing Review, 22 (5): 512-530.

Perrini F. 2006. Corporate social responsibility: doing the most good for your company and your cause. Academy of Management Executive, 20 (2): 90-93.

Pfeffer J, Salancik G R. 2003. The external control of organizations: a resource dependence perspective. Social Science Electronic Publishing, 23（2）: 123-133.

Porter M E, Kramer M R. 2002. The competitive advantage of corporate philanthropy. Harvard Business Review, 80（12）: 56.

Porter M E, Kramer M R. 2006. The link between competitive advanyage and corporate social responsibility. Harvard Business Review, 84（12）: 78-92, 163.

Prakash A. 2002. Green marketing, public policy and managerial strategies. Business Strategy and the Environment, 11（5）: 285-297.

Qian L I. 2013. Can listed companies' profit information guide stock investment decision-making? A stochastic dominance analysis of marginal condition. Modern Economic Science, 35（3）: 115-123, 128.

Rabasa C, Winsa-Jörnulf J, Vogel H, et al. 2016. Behavioral consequences of exposure to a high fat diet during the post-weaning period in rats. Hormones and Behavior, 85: 56-66.

Reed Ii A, Aquino K, Levy E. 2007. Moral identity and judgments of charitable behaviors. Journal of Marketing A Quarterly Publication of the American Marketing Association, 71（1）: 178-193.

Robin D P, Reidenbach R E. 1987. Social responsibility, ethics, and marketing strategy: closing the gap between concept and application. Journal of Marketing, 51（1）: 44-58.

Salaman G. 1984. Work organization and class structure. Contemporary Socialogy, 14（6）: 765-766.

Scarpetta S, Fally T, Aghion P. 2007. Credit constraints as a barrier to the entry and post-entry growth of firms. Economic Policy, 52（3）: 731-779.

Sen S, Bhattacharya C B. 2001. Does doing good always lead to doing better? Consumer reactions to corporate social responsibility. Journal of Marketing Research, 38（2）: 225-243.

Sheldon O. 1923. The Philosophy of Management. London: Pitman.

Shumate M. 2014. Differences among NGOs in the business-NGO cooperative networ. Business and Society: Founded at Roosevelt University, 53（1）: 105-133.

Shumate M, O'Connor A. 2010. The symbiotic sustainability model: conceptualizing NGO-corporate alliance communication. Journal of Communication, 60（3）: 577-609.

Small A A, Zivin J G. 2005. A modigliani-miller theory of altruistic corporate social responsibility. SSRN Electronic Journal, 5（1）: 10.

Smith C. 1994. The new corporate philanthropy. Harvard Business Review, 72（3）: 105-114.

Snow D A, Soule S A. 2009. A primer on social movements. New York: W. W. Norton and Company.

Starr M A. 2008. Socially responsible investment and pro-social change. Journal of Economic Issues, 42（1）: 51-73.

Sturdivant F D, Ginter J L. 1977. Corporate social responsiveness: management attitudes and economic performance. California Management Review, 19（3）: 30-39.

Teegen H, Doh J P, Vachani S. 2004. The importance of nongovernmental organizations（NGOs）in global governance and value creation: an international business research agenda. Journal of International Business Studies, 35（6）: 463-483.

Turner J L. 2003. Cultivating environmental NGO-business partnerships. China Business Review, 30（6）: 22.

Velde E V D, Vermeir W, Corten F. 2005. Corporate social responsibility and financial performance. Corporate Governance, 27（3）: 129-138.

Vogel D. 2008. Private global business regulation. Annual Review of Political Science, 11（1）: 261-282.

Vogel D. 2010. The private regulation of global corporate conduct. Business and Society: Founded at Roosevelt University, 49（1）: 68-87.

Waddock S A, Graves S B. 1997. The corporate social performance-financial performance link. Strategic Management Journal, 18（4）: 303-319.

Wagner T, Lutz R J, Weitz B A. 2009. Corporate hypocrisy: overcoming the threat of inconsistent corporate social responsibility perceptions. Journal of Marketing, 73（6）: 77-91.

Weber K. 2009. NGOs and corporations: conflict and collaboration. Administrative Science Quarterly, 54（4）: 668-670.

White B, Steinburg C. 1991. The globalization factor. Training and Development, 45（9）: 12.

Winston M. 2002. NGO strategies for promoting corporate social responsibility. Ethics and International Affairs, 16（1）: 71-87.

Wymer W W, Samu S. 2003. Nonprofit and Business Sector Collaboration: Social Enterprises, Cause-Related Marketing, Sponsorships, and Other Corporate-Nonprofit Dealings. New York: Routledge.

Yaziji M, Doh J. 2009. Ngos and Corporations. Cambridge: Cambridge University Press.